掌控工作

邵文瀚 —— 著

中信出版集团 | 北京

图书在版编目（CIP）数据

掌控工作 / 邵文瀚著. -- 北京：中信出版社，2020.5
ISBN 978-7-5217-1655-9

Ⅰ.①掌… Ⅱ.①邵… Ⅲ.①时间—管理—通俗读物 ②工作—效率—通俗读物 Ⅳ.①C935-49

中国版本图书馆CIP数据核字(2020)第036667号

掌控工作

著　　者：邵文瀚
出版发行：中信出版集团股份有限公司
　　　　　（北京市朝阳区惠新东街甲4号富盛大厦2座　邮编　100029）
承　印　者：北京楠萍印刷有限公司

开　　本：880mm×1230mm　1/32　　印　张：9　　字　数：190千字
版　　次：2020年5月第1版　　　　　印　次：2020年5月第1次印刷
广告经营许可证：京朝工商广字第8087号
书　　号：ISBN 978-7-5217-1655-9
定　　价：59.00元

版权所有·侵权必究
如有印刷、装订问题，本公司负责调换。
服务热线：400-600-8099
投稿邮箱：author@citicpub.com

推荐语

递四方速递首席运营官
郭栋

一位咨询顾问,基于这些年来之所学、所行及所思,探索出了一套系统性解决问题的方法,一定能帮助读者在面对复杂多变的商业环境时多一份从容。

复星健康到家总经理
蒋大为

不同于以往商业工具类书籍,这本书不是方法论概念的堆砌,而是非常系统地阐述了如何解决问题、高质量地完成工作。不管你是初入职场的新手,还是职场老鸟,本书都会对你有所帮助。

豫园股份战略投资董事总经理
阎振元

作者能够将顶尖咨询公司与一流企业的工作方法进行有机结合,并且能够删繁就简,把其中的精髓提炼成为"四步工作法",这对于企业管理工作的开展非常有启发。

艺术史家，知名策展人
吕彭

每一项工作做到极致后，其本质都是相通的。难能可贵的是，邵文瀚对这一"本质"做了巨细无遗的探索，并深入浅出地将其具象化为四个步骤，它们可以帮助你迅速提升认知格局，掌握科学的工作方法。

安永－帕特侬咨询全球合伙人
亚当·瑞伯

从咨询公司到互联网，从战略规划到战略落地，之所以能完成这样的华丽转身，邵文瀚用这本书给出了答案。这套源自咨询公司的经典方法论，在作者手中脱胎换骨成为可以掌控工作的通用方法论，可以帮助各行各业解决问题，而这正是咨询顾问的意义和价值。

小灶能力派创始人 & 首席执行官
刘文秀

从公众号到课程，再到这本书，作者一如既往地持续输出干货。本书完美具备了一个优秀的、系统性的方法所应该具备的特质——高屋建瓴和精细入微，可操作性强，值得仔细研读并运用于实践。

细雨汇川（北京）科技有限公司创始人，哥伦比亚大学商学院 MBA
李雨桁

常有人问我咨询顾问有哪些过人之处？我想至少应该包括：恰当的解题方法、深度的思考习惯以及快速的学习能力。读其佳作，如见其人，这本书无疑是邵文瀚转型后对咨询顾问这一职业的特质又一次经典而极致的诠释。

目 录

前 言 V

01 掌控工作的四步法

咨询顾问工作方法的魔力：搞定一切 // 003

抛弃你的一切常识 // 007

四步法的简介 // 009

  第一步，界定问题

  第二步，拆解问题

  第三步，执行解决

  第四步，总结复盘

02 第一步：界定问题

做事之前，先把任务搞清楚 // 013

把问题弄清楚的三个层次 // 015

  第一个层次：熟悉与理解专业术语

  第二个层次：剖析问题的本质

  第三个层次：清晰明确的问题陈述

第一个层次：熟悉与理解专业术语 // 017
  学习专业术语
  理清专业术语：what-else 循环法
  一些可以直接套用的框架

第二个层次：剖析问题的本质 // 039
  为什么要剖析问题的本质？
  利用问题辨析表剖析问题的本质
  利用重要-紧急矩阵帮你做好问题排序

第三个层次：明确的问题陈述 // 055
  什么是问题陈述
  问题陈述的 SMART 原则

03　第二步：拆解问题

用议题树拆解问题 // 065
  为什么要拆解问题
  什么是议题树
  议题树的表现形式
  议题树的两个基本原则
  议题树与金字塔原理

搭建议题树的方法一：自下而上法 // 091
  列出尽可能多的散点
  如何进行归纳总结

目 录

　　　　如何利用 MECE 原则和同一层面原则

搭建议题树的方法二：自上而下法 // 116

　　　　如何搭建主干并将内容细化

　　　　两种方法的综合应用

假设驱动法 // 143

　　　　什么是假设

　　　　如何提出假设

　　　　用假设驱动议题树的拆解

　　　　假设驱动法的其他作用

如何完善议题树 // 154

　　　　80/20 法则

　　　　迭代与修改

　　　　多种方法综合运用

04 第三步：执行解决

针对议题树制订解决方案 // 173

　　　　行动导向型议题树

　　　　问题导向型议题树

制订工作计划 // 184

　　　　工作计划的要点

　　　　如何制订工作计划

工作执行 // 198

执行环节常见问题

工作执行最重要的三件事

工作执行中的关键原则

如何保证个人执行力

05 第四步：总结复盘

及时复盘，优化解决方案 // 219

事中复盘与事后复盘 // 222

  事中复盘

  事后复盘

如何做好总结复盘 // 229

  组织一场复盘会

  复盘的科学流程

  利用复盘的方法准备一次完美的汇报

巧用复盘，总结出你自己的分析框架 // 265

  第一重境界：从已有框架出发，总结通用工具

  第二重境界：从已有框架出发，探索单一领域解决方案

  第三重境界：直接总结提炼出分析框架

前　言

高效的工作方法就是生产力

本科毕业之后，我就进入了全球最大的上市咨询公司——埃森哲，成为一名战略咨询师。我还没正式入职，公司就组织了为期半个月的培训，其中非常重要的一课，就是AMC Way（埃森哲管理咨询方法），也就是埃森哲提供咨询服务的基本方法论。AMC Way最让人印象深刻的无疑是面对任何一个咨询项目，都可以使用"from issue to outcome"（从问题出发，得到结果）的方法进行解决。彼时刚刚毕业的我受到了一次冲击，第一次发现了方法论的"魔力"。

后来通过来自各大咨询公司的同事、朋友，我又学习了"麦肯锡七步分析法"。以这两套咨询公司的基础方法论为基础，加上在无数个加班的夜晚里逐步摸索，我做了一次又一次各种行业的研究，解决了一个又一个客户的管理难题，越发觉得这样一套解决问题的通解通法，会让我的工作和生活更加游刃有余。

在我的咨询生涯中，与许多不同行业的从业者打过交道，他们上至跨国公司高管，下至工厂一线操作工、快递公司快递员。我惊讶地发现，在国内职场，科学的工作方法竟然是一件非常稀缺的事情。

我见过国内首屈一指的物流企业，领导在布置任务的时候永远都交代不清，而下属在领任务的时候也完全没有搞清楚，结果就是乱做一气，南辕北辙。

我见过国内最好的互联网公司，项目组在接到任务伊始，并没有把任务拆解清楚，从而导致在后续环节发现任务一开始就漏掉了一项重要内容。

我也见过某世界500强企业，内部项目管理非常混乱，项目经理并不完全清楚项目的进度，从而导致项目的延期。

与之相对的，专业的咨询公司团队在进行项目咨询时，则是基于诸如"七步分析法"的基础方法论，利用问题陈述、议题树、工作说明书（SOW）、工作计划表等各种各样的工具和方法，使工作清楚明白，条分缕析，即使是面对完全陌生的领域，也可以在推进中有条不紊地完成工作。

掌控工作的"四步法"

我一直通过学习与实践来试着吃透这些来自咨询公司的方法论，并努力将之迁移到其他行业的工作乃至个人生活中，希望可以把这些方法论转化为可以解决多种问题的通解通法。为此，在工作实践之余，我也阅读了各类关于工作方法的书籍，特别是那些业内经典著作，如《金字塔原理》《麦肯锡方法》《麦肯锡思维》等。

但是，这些书籍固然经典，其中对于实践细节的描述却比较少，对于新手来说不太友好，比如，经典的 MECE 原则，在应用时到底如何做才能避免出现交叉或不全的情况，确保 MECE？这些问题书本里往往解释得并不细致，就好像数学练习册后的参考答案里直接附上了一个正确答案，然后写着"过程略"；又好像千辛万苦抢来武林秘籍，结果秘籍上只写了四个大字——"自己领悟"。

面对这样的情况，我也只能自己去摸索这套方法论背后的诀窍，特别是一些细节。在摸索的过程中，我逐渐找到了其中的要义，比如，如何用不同的方法构建议题树/逻辑树，如何用几个简单的步骤来确保 MECE，如何利用"假设-验证"的方法解决问题，如何管理工作进程，等等。随着我理解的深入，我发现自己对于工作的掌控越来越得心应手。利用这套方法论，我顺利地搞定了一个个咨询项目，顺利地晋升到更高职级，顺利地完成跨行业跳槽，现在又进入了国内顶尖的互联网公司从事战略工作——哪怕我之前完全没有互联网行业经验。而来到新的工作岗位之后，这套方法论也继续发挥着作用，帮助我解决全新领域的各种难题。

在这个过程中，我也逐步沉淀出了"四步法"，这是我基于咨询公司的方法论与我个人实践经验总结出来的一套可以高效掌控工作的方法。无论遇到什么样的问题，哪怕是你完全陌生的或者非常复杂的问题，你都可以运用这四步将其逐步解开。

"四步法"是本书的核心。通过阅读本书，你首先能获得的就是这样一套方法：从问题的界定开始，到问题拆解，再到执行解决，最后总结复盘。你将学会的是一套系统的解决问题的方法论，清楚地指引你在解决问题时应该先做什么，再做什么，有哪些注意点，又有哪些小技巧。

这个方法虽然不是像诸如 PDCA 循环、波特五力模型这样针对具体问题的解决方案，但却能够帮助你从容地面对并解决工作或生活中的绝大部分问题，而在解决问题的过程中，你还可以提炼出自己的方法，这就像武侠小说中的"无招胜有招"，虽然只有简单的四步，却能"具体问题具体分析"，破尽一切招式，无往不利。

在每个步骤里，你还可以学到 SMART 原则、拆解议题树、假设驱动法、甘特图、鱼骨图等多种工具和方法。本书对于这些工具和方法的解读绝不是浅尝辄止，而是多角度、多层次、多技巧地带你领略这些工具背后的秘诀。学会了这些小工具，不仅适用于"四步法"，同时也能够在职场上多个领域使用。

如果你之前已经了解甚至熟练运用这些工具，那你从本书中得到的将是这些工具真正的诀窍，让你清楚地知道它们在解决问题的过程中是如何发挥作用的，特别是它们之间的关联与呼应关系，让你真正实现融会贯通。

当你真正吃透这套"四步法"之后，无论遇到什么样的问题，你都可以像手握 GPS 导航一样，轻松地从起点走向终点。

本书的内容架构

本书是按照"四步法"的结构来搭建内容框架的。

第一章是"四步法"的总览，阐述"四步法"的意义与作用，以及各个步骤的基本内容。

第二章是"四步法"的第一步——界定问题。在着手解决问题之前，不能闭眼狂奔，先要明确问题的定义，也就是弄明白"你要解决的到底是什么样的问题"，否则就容易做无用功。这一章将重点讲解把问题界定清楚的三个层次。

第三章是"四步法"的第二步——拆解问题。复杂的大问题不可能一蹴而就，立刻解决，而是需要拆解成许多小议题，逐一解决。这一章将向你介绍议题树的概念，以及拆解议题树的两个基本方法和一些技巧。

第四章是"四步法"的第三步——解决问题。有了前两步的铺垫，问题的解决方案就基本呼之欲出了，但依然不能掉以轻心，因为工作推进的过程一定会面临各种各样的阻碍。这一章将详细说明如何利用议题树制订工作计划，以及如何追踪工作进度，确保工作顺利完成。

第五章是"四步法"的最后一步——总结复盘。不要简单地认为把工作做完就算解决问题了，总结复盘同样非常重要。你可以通过复盘来总结工作成果、经验教训等，为以后的工作打下良好的基础。这一章将详细阐释复盘的操作方法，并教你如何总结出自己的分析框架。

阅读完这本书，我相信你会发现，无论是面对复杂难题还是陌生问题，你都不再慌乱，而是可以有条不紊地掌控工作，简单、高效、清晰地完成任务。

2019 年 11 月
上海

01 掌控工作的四步法

知止而后有定,定而后能静,静而后能安,安而后能虑,虑而后能得。

——《大学》

咨询顾问工作方法的魔力：搞定一切

当遇到问题时，一般人是如何处理的呢？

大部分人做事是靠经验。什么是经验？经验就是经过许多次尝试之后，总结固化下来的做事方法。比如，你从事招聘工作，那你需要积累的经验就包括写岗位说明书（job description）、发招聘启事、组织面试、薪酬沟通等。

一般工作岗位，从初级做到资深需要 3 年，从资深做到专家则需要 5 年以上。换句话说，经验需要大量的时间积累才能获得。即使接受了专门的培训，也很难迅速让你成为专家。这也是为什么现在招聘时，招聘启事中都会写上"5 年以上相关工作经验""10 年以上相关工作经验"。因为在大部分情况下，工作时间越久，解决问题的能力就越强。

所以，一般人在遇到问题时最大的障碍就是经验不足。

但是，仅仅有了经验就足够了吗？

比如，有个人之前积累的是财务经验，现在让他去做人力资源或者市场营销的工作，他肯定会一头雾水，不知道如何下手。如果他在制造型企业做财务，突然让他去做互联网企业的财务，由于收入、成本计算规则差异很大，就很有可能无法一下子适应。

可见，即使克服了经验这一大难关，由于人本身的精力有限，不可能积累方方面面的经验，而经验又往往很难迁移，一旦问题超出了经验的领域，一般人也会不知道该怎么办。

这时候，大部分人会采用试错的方法。说得好听叫试错，说得不好听就是瞎碰，就是不管三七二十一，先把自己能想到的解决方案都试一遍。这种方法首先要看运气，运气好的话可能一上来就找到了正确方向，运气不好可能需要尝试多次，那就需要浪费大量的时间和人力。

碰到那些不重要的事情还好，比如在生活中学习一门新技能——做菜，你可以花时间进行各种尝试，并承担失败的后果。

但一旦到了工作上，或者遇到其他重要紧急的场合，遇到复杂、不熟悉的问题该怎么办呢？比如，领导突然让负责市场工作的你去做新媒体运营，并且要求在一个月内达到1万"粉丝"，你该怎么办？只能靠运气和无止境的加班吗？当然不能。

在解决问题这件事上，我可以分享一下咨询顾问是怎么做的。

事实上，咨询顾问总是需要面对各种各样陌生而复杂的问题，因为提供服务的企业往往来自不同行业。以我为例，在5年多的咨询顾问生涯里，我先后做过机械、物流、保险、科技等不同行业的项目，我服务过的都是行业内的顶尖企业，比如华为、平安保险、德邦物流、三一重工等公司，项目难度可想而知。

不仅如此，客户的咨询项目往往也会分散在不同领域，战略、运营、供应链、生产制造、财务、人力资源等，都是客户的潜在需求。而且咨询顾问需要比这些来自顶尖公司、已经积累了多年经验的客户更专业，才能有效地提出建议方案，帮助客户企业更好地运转。

显然，哪怕是天才，每天不眠不休，想要学习这么多知识都是不太可能的事情。那么，咨询顾问是如何做到的呢？

其实道理很简单，因为咨询顾问都掌握了一种方法，这个方法不同于波士顿矩阵[①]、SWOT 分析法[②] 等方法，也不同于数据分析、沟通表达等技能，这个方法属于"方法的方法"，就像道家说的"一生二，二生三，三生万物"中的"一"。

如果把人比作一部手机，那么像数据分析、沟通表达、做 PPT（演示文稿）、写文章、做菜等实际上都是 App（应用程序），你学习这些技能的过程就是安装 App 的过程，而比安装这些 App（学习技能、解决问题）更重要的，是手机的操作系统。大部分人遇到的问题，实际上是缺乏良好的底层操作系统，就好比在塞班系统[③] 上运行安卓的 App，肯定会出现难以兼容、卡顿的情况（因为解决问题的速度慢，过程曲折）。

相反，如果你掌握了这样一套高质量工作的方法，就好比给你的人生安装上了安卓或 IOS 系统（苹果公司的移动操作系统），然后再去运行那些 App 自然会很流畅了。

各大咨询公司都有一套类似的方法，虽然有所差异，但殊途同归。在埃森哲，这套方法被称为"从问题出发，得到解决方案"，而在麦肯锡，这套方法被称为"麦肯锡七步分析法"，又名"麦肯锡七步成诗法"。

---

① 波士顿矩阵即 BCG 矩阵，是由美国波士顿咨询公司率先提出的，对企业当前的业务组合进行分析、评价的战略管理工具。它把公司经营的全部产品和服务的组合作为一个总体来看待，故也称"统筹分析法"。——编者注

② SWOT 是优势（strengths）、劣势（weaknesses）、机会（opportunities）和威胁（threats）4 个英文单词首字母缩写，SWOT 分析法是基于内外部竞争环境和竞争条件下的态势分析。——编者注

③ 诺基亚旗下智能手机操作系统，2013 年诺基亚宣布，将不再发布塞班系统的手机，这意味着该操作系统退出历史舞台。

我咨询生涯的第一个项目，是一个企业运营流程优化的项目。虽然我也是管理学专业毕业，但书本上的管理学与企业实际的运营管理相去甚远，我花了两周的时间学习理解了管理流程的基础知识，并迅速参与了研发流程与供应链流程的两个模块。

快速做好这一切的基础，就在于我入职前参加了公司的培训。培训里只是稍稍提到了流程管理相关的内容，真正帮我快速进入工作角色的，是公司的一套工作基本逻辑。正是这套"从问题出发，得到解决方案"的方法，帮助咨询顾问迅速梳理工作，解决客户问题。

除此以外，如果你仔细观察咨询顾问的履历往往不难发现，凡是从咨询公司跳槽去企业的顾问，职级往往会有一个跃迁。比如，咨询公司的经理跳到大企业中，一般可以达到总监甚至是副总裁级别，资深咨询师也往往可以达到经理或者高级经理级别，虽然他们的工作经验并不如企业中同级别的员工多。不仅如此，咨询顾问跳到企业中，也往往会有非常突出的表现，受到高层的赏识与提拔，其背后少不了这套基础方法论的功劳。

不过，咨询公司的方法本身有一定的特殊性，其中包含了不少只有在咨询公司才适用的方法。于是，我将它们重新提炼和归纳，并结合我过去在咨询公司的工作经历以及目前在大公司工作中遇到的问题，总结出了高质量工作的"四步法"。四步法不仅可以帮助你解决工作上的难题，更可以延伸到生活、学习等方方面面，帮助你解决问题。

抛弃你的一切常识

在正式介绍这套方法之前，我想请你先放空自己的大脑，抛下你过去的一切经验和知识。因为接下来要介绍给你的这套方法，很有可能是和你过去积累的经验、常识相矛盾的。

先让我说几个反常识的点。

比如，很多人在遇到一个新问题时，往往会拿"时间紧、任务重"为借口，不思考，不分析，直接上手去做，这就会导致做很多无用功。正确的做法应该是先搞清楚问题本身再去做。

再比如，一般人在解决问题时，往往一边做一边想，这会导致整体节奏被拖慢，而且常常会陷入无关紧要的细节。正确的做法是，无论时间有多紧迫，都一定要花时间将问题剖析清楚，这样才能有章法、有轻重缓急地做事情。

又比如，一般人在完成一项工作后就算结束了，但这远远不够。如果事情结束后不养成及时复盘的好习惯，往往会导致犯过的错误一错再错，或者永远只能被经验牵着鼻子走。

除此以外，你在平时的工作和生活中，可能也积累了不少诸如金字塔原理、MECE 原则[1]、5W1H 等工作方法，但我敢打赌，大部分方法你并不确切地知道该如何使用，甚至有些方法你可能只听过名字，并不了解其中的内涵。

在读本书的过程中，我请你同样将这些东西统统从你的脑海中抹去，因为我会在书中将一些方法化整为零，分散在整个解决方法的过程中，你将在不知不觉中学会这些工作方法。在读完本书后，你可以再把这些方法对应的内容拿出来，与本书内容一一印证。

---

[1] MECE 原则在本书第三章"议题树的两个基本原则"中有详细论述。——编者注

四步法的简介

接下来,就让我正式介绍一下这套可以帮助你高质量工作的"四步法"。

第一步,界定问题

把一个问题弄清楚,特别是一个陌生复杂的问题,并不是很容易的事情。

首先,你得尽一切办法深入了解问题中的那些专业名词,如果这些你都不了解,那解决问题就无从谈起了。其次,你要弄清楚提出问题的人的目的和意图,因为这可以帮助你判断这个问题到底值不值得被解决。最后,你才能通过问题陈述的方式给问题下个定义。只有做到以上三点,才算是弄清楚了问题的定义。注意,这里只是弄清楚问题,而不是找到问题的解决方法。

第二步,拆解问题

为了更好地剖析问题,你需要把大问题拆解成许多由小议题组成的议题树,方便后面逐一解决。拆解问题有自上而下法和自下而上法两种基本方法，这两种方法会在不同的场合帮助你拆解问题。不仅如此，假设驱动法、80/20原则与反复迭代法也是必不可少的拆解议题树的方法，与前两种基本方法一起，它们会帮助你搭建成最终的议题树，完成对问题的剖析。

第三步，执行解决

有了议题树之后，就可以基于议题树制订解决方案及工作计划，且按照计划执行并完成任务。虽然各行各业、生活中、工作中的问题本身千差万别，解决方法也是各种各样，并不存在一种万能的方法直接教你解决问题，但是，一旦你完成了以上三个步骤，你就会发现解决方案已经很清晰地摆在你面前了。

第四步，总结复盘

复盘分为事中复盘和事后复盘。事中复盘的目的是帮助你不断优化工作；事后复盘则是帮助你总结经验，把一次工作的价值尽可能体现出来。其中，汇报也是一种特殊的复盘形式，搞定汇报将帮助你在职场无往不利。

除此以外，本书中也穿插了许多案例，帮助你更好地掌握四步法。

02 第一步：界定问题

目标可以被比作是轮船航行用的罗盘。罗盘是准确的，但在实际航行中，轮船却可以偏离航线很远。然而如果没有罗盘，航船既找不到它的港口，也不可能估算到达港口所需要的时间。

——彼得·德鲁克

做事之前，先把任务搞清楚

大多数人在做事时，都是抱着一种自然而然就会搞清楚的态度。不先搞清楚问题的基本定义以及背后的目的就直接上手去做，总是信奉"车到山前必有路，船到桥头自然直"的准则，往往意味着效率低下，甚至预示着失败。

我大学毕业后进入咨询公司的第一天，就接到公司合伙人布置的任务——研究中国供应链金融市场的现状。

由于初来乍到，我对这个领域一无所知，因此对这个研究任务也是没有头绪。作为职场菜鸟的我于是充分发挥埋头苦干的精神，开始翻阅各种资料。

我先在搜索引擎上搜索各种关于供应链金融的信息，其中包括各种靠谱和不靠谱的文章和内容，比如供应链金融的定义、模式，再比如各大银行供应链金融的案例。自己洋洋洒洒整理了十几页文档。

周五，合伙人问我要研究结果，我非常得意地把自己整理的成果交给他，结果受到了批评。合伙人觉得我研究的内容很多，但很宽泛、不深入，并不是他想要的结果。而研究过程中我也没有和他有任何的沟通和确认，同时没有很好地利用公司的数据库以及专家资源。其实他想要的就是目前国内供应链金融市场的发展现状及未来发展趋势，而我们公司有很丰富的专家资源，这些问题找几个专家做访谈就可以很容易地知道答案，而互联网上的信息都比较陈旧落后，因此我的研究成果很多都是有偏差或者过时的。

这个案例是我职业生涯的首秀，结果惨遭失败，还好合伙人念在我是新人，并没有过多计较，后续还是交给我很多重要任务。

而我也经常反思这次任务失败的原因。归根到底，是因为我在没有弄清楚问题的情况下，就匆匆忙忙深入研究工作中，结果做了很多无用功。没有弄清楚问题，正确的做事方法、时间安排等就更无从谈起。

在团队协作中，不搞清楚问题带来的后果会更加严重。我见过有些企业，甚至是知名企业，同一个团队对于当前任务的认知都会出现偏差，花了两周时间才沟通清楚，从而导致项目推进延迟的案例。因此，在着手解决问题之前，将问题弄清楚至关重要。换句话说，把问题界定清楚，应该是解决问题的第一步。这有几个优点：

第一，确保与这个问题或这项工作的相关方达成一致意见，避免出现因为前期认知不一致导致后期解决问题时出现阻碍甚至是失败。

第二，可以确定好解决问题的大方向与基本准则，工作可以更聚焦，且不易偏离路线。

第三，前期对问题的充分认知，有利于预先制订好解决方案以及风险预案，可以把控项目节奏、资源调度，不至于临到工作时手忙脚乱。

以上这些优点都会在之后的内容中一一进行讲解。

把问题弄清楚的三个层次

实际上,无论是麦肯锡、埃森哲这样的咨询公司,还是像宝洁、华为、腾讯这些知名企业,在开始一个项目时,都要对问题下定义,而这个过程需要经历三个层次。

第一个层次:熟悉与理解专业术语

在解决问题之前,我们必须清楚地了解这个问题涉及的一些专业名词的定义。比如,我刚刚提到自己的那个案例,我连供应链金融的定义都没有搞清楚,就根本谈不上如何去做后续的研究和解决问题了。

第二个层次:剖析问题的本质

在了解问题之后,需要通过问题分析表搞清楚问题是谁提出的、目的是什么、事件紧急程度等相关问题,这样可以帮助我们更好、更深入地理解这个问题。同时,还要理解问题解决的成功标准以及问题解决的范围(哪些需要解决,哪些不需要解决),从而做好后一步的规划。

第三个层次：清晰明确的问题陈述

上面两个层次都解决之后，才到了正式的问题定义环节。咨询顾问往往会利用 SMART 原则来清晰地定义问题。有了问题陈述之后，才能说对问题有了一个统一而明确的界定，从而为后续的分解问题、解决问题等打好基础。

让我们来一一探索这三个层次。

第一个层次：熟悉与理解专业术语

为什么先要理解专业术语？

如果你是男生，试想一下你要给女朋友送礼物，询问了她的闺蜜之后，你得到了杨树林、小黑瓶、小棕瓶、小羊皮这些名词，它们是不是让你无从下手？

而如果你是女生，试想一下你要给男朋友送礼物，那么AJ（运动鞋系列品牌）、败家之眼[①]、GTX2080（电脑显卡型号）、樱桃、高达这些名词也一定让你非常困扰。

在面对不熟悉问题的时候，不搞清楚问题的定义就很容易寸步难行。这就是熟悉专业术语的第一个目的，即对问题有基础性了解。

除此以外，对问题中名词术语进行深入理解，也对后续的分解问题有很大帮助，能帮助我们更好地解决问题。

那么，在日常生活与工作中，怎样才算是对专业术语深入了解呢？这里有两个要点。

第一，力求正确，即对问题中提到的名词，特别是一些专业

---

① 硬件发烧友为电脑品牌"玩家国度"取的昵称。——编者注

名词的定义有正确的理解。

注意，这里一定要保证"正确"。怎么才能做到"正确"呢？其实办法很简单，就是要多方打听和求证，比如通过搜索引擎、专业网站或是书籍、论文、资料等。如果有条件，最好能够通过身边的朋友、同学、同事等渠道，询问到这个领域的专家。当然，这里的专家可不限于教授学者，只要是了解这个领域的人都可以称为专家。

我刚才提到的供应链金融的案例。百度百科中对供应链金融的定义为：银行围绕核心企业，管理上下游中小企业的资金流和物流，并把单个企业的不可控风险转变为供应链企业整体的可控风险，通过立体获取各类信息，将风险控制在最低的金融服务。这个定义实际上是不准确的。供应链金融的主导者不一定是银行，某个产业链上的核心企业也可以作为主导者，而百度百科直接把银行定义成了主导者。如果采信了这个定义，那后续所有的研究都会围绕银行展开，无疑就会让我们走上一条偏路。我就是通过查阅公司内部专业资料，才弄清楚了供应链金融的真正定义。

第二，定义外延，即需要在第一个要点基础之上，也就是了解了**基本概念和定义的基础上，了解定义的外延**。这意味着不仅要知其然，还要知其所以然。我们要搞清楚这些专业术语背后的内容，以及与这些专业名词相关的所有内容，越多越好。

实际上在咨询公司里，咨询顾问当面对一个陌生行业时，往往需要一两天时间集中熟悉专业术语和定义以及所有的衍生内容，才能更好地完成咨询项目。而这个过程，一般都会经历如下步骤。

首先，通过搜索引擎，最常用的就是百度和谷歌，在互联网上先查找一些内容，比如百度百科、维基百科，以及业内人士在论坛、知乎等网站发表的文章等，先对定义有个大致了解，不至于一无所知。

其次，找一些专业机构出的研究报告、书籍，或者国内外学者的论文，进一步明确定义，并了解该领域当前的发展水平、重要课题等内容。这时候就需要涉及一些外延性内容了。

最后，询问行业专家。咨询公司一般会付费寻找多个行业专家，弄清楚更多细节内容，比如运营模式、核心要点等，这些内容一般都是定量为主，配合定性描述。

经过以上三个步骤，我们基本上就会对陌生领域有一个比较深入而全面的了解了。

学习专业术语

在学习这些陌生词汇、术语以及知识时，我们需要从多种不同的渠道来获取知识，并且要不断地交叉检验，确保你学到的都是准确无误且与时俱进的内容。

多种信息来源

现在网络上的信息多而繁杂，但真正靠谱的信息却非常少。很多人在解决问题伊始，面临的最大问题就是不知道该去哪里找到有效信息。

咨询公司实际上已经积累了一套标准的收集信息的方法论。一般情况下，我们可以通过案头和访谈两个渠道来迅速获取信息。表2-1是我整理的主要案头类研究和访谈类研究的手段。

表 2-1 案头类研究与访谈类研究是收集信息的主要手段

求证方法	信息来源	典型示例
案头类研究	官方机构	●国家统计局（国家宏观数据）
	第三方研究机构	●券商研究报告 ●咨询公司研究报告
	搜索引擎	●百度、谷歌
	书籍	●各领域、专业书籍
	综合型数据库	●万得 WIND ●中国知网 CNKI
访谈类研究	专家访谈	●资深从业者、教授学者
	用户访谈	●资深用户
	实地走访	●店访

1. 案头类研究

案头类研究就是通过查阅资料的方式，来帮助你理解问题里的专业术语。因为这类工作只需要坐在案头即可完成，因此也被称为案头研究（desk research）。

案头研究可以通过 5 个渠道来获取信息。

(1) 官方机构

官方机构往往会对某个领域有详细而专业的定义，非常有利于我们了解不熟悉的领域。最常见的官方机构就是政府，比如各省（自治区）、各市的政府；还有国家部委，比如住房和城乡建设部、教育部、海关总署、统计局等。这些政府机构都有官方网站，在上面都可以找到你想要的信息。

国家统计局网站：基本上涵盖了绝大部分宏观行业的定义，

及其各种各样数据，包括人口、产值、贸易等。

海关总署网站：可以找到各种商品归类的定义，还有对应进出口情况。

教育部网站：可以找到国内教育相关的定义，以及配套的各类数据，比如招生人数、毕业生人数等。

除了以上列举的这些国内政府网站，海外政府网站有时候也是收集信息的利器。发达国家和联合国的网站，在信息整理方面非常完善。比如美国国家统计局（Census）网站、美国经济分析局网站（BEA）等。国际性组织的网站，比如联合国统计网、联合国贸易网、国际货币基金组织网站（IMF）、世界银行网站等。

除了政府和国际性组织之外，行业协会也是非常重要的信息来源。此类机构大部分都是由业内企业联合发起的专业性组织，一般都会有对行业的专业性定义和解读。

中国电力企业联合会是经国务院批准成立的全国电力行业企事业单位的联合组织，其成员包括国家电网、各大电力公司、与电力相关的研究设计院、高等院校及电力设备制造公司在内的超过1000个公司或机构，是电力行业最权威的行业协会。

中国汽车工业协会是经中华人民共和国民政部批准的社团组织，其成员包括国内与汽车相关产业的公司，比如整车制造、零部件制造、汽车经销等，一汽集团、上汽集团、北京奔驰、东风本田等公司都是该协会的成员。

其他还有中国奢侈品联合会、中国互联网络信息中心、中国饭店协会、中国服装协会、中国纺织工业协会等。

如果你担心行业协会太多记不住，那只要在搜索引擎里输入"××行业+协会"，基本都能找到对应协会。如果你觉得找网站太麻烦，还可以试试查找统计年鉴。统计年鉴一般包含了该行业本年度的所有统计数据，并按照细分领域与地区进行统计。国家政府机关、行业协会每年都会编制统计年鉴，里面包含了这一年中该行业或者领域内重大的趋势与变化以及统计数据，是把握产业脉络非常重要的方式。常用的统计年鉴有：《中国统计年鉴》《中国城市统计年鉴》《中国工业统计年鉴》《中国教育统计年鉴》《中国汽车工业年鉴》《中国海关统计年鉴》各省市统计年鉴，等等。不过统计年鉴有时需要一定成本才能获得，电商网站、书店及行业协会官网一般均有发售。

这里我也针对以上官方机构整理了一份列表供你参考，如表 2-2 所示。

表 2-2 主要官方机构类型

官方机构类型	机构示例	主要内容	公开情况
政府部门	● 中国国家统计局 ● 中国海关总署 ● 中国工业和信息化部 ● 美国经济分析局	● 宏观行业定义 ● 政策法律法规 ● 社会、人口、民生等相关数据	公开，免费
国际组织	● 联合国 ● 世界银行 ● 世界货币基金组织 ● 国际红十字会	● 宏观定义 ● 政策法规 ● 社会、人口、民生等相关数据	公开，免费

（续表）

官方机构类型	机构示例	主要内容	公开情况
行业协会	● 中国纺织工业协会 ● 中国电力企业联合会 ● 国际航空运输协会 ● 国际整形美容医学协会	● 行业定义 ● 宏观数据 ● 行业内企业介绍	公开，但大部分信息只对协会成员开放

（2）第三方研究机构

第三方的研究机构也是我非常偏爱的信息来源。我最常用的莫过于券商研究所的研究报告和咨询公司出具的研究报告，它们特别适用于问题初期的扫盲。

国内券商都有各自擅长的领域，具体参见每年的新财富榜单。在查找针对某个行业的报告时，我们可以重点查找优势券商的研究报告。而且国外投行官网都会开放部分研究报告供免费下载，官网上直接就可以找到入口。比如摩根士丹利、高盛、摩根大通等。在它们的官方网站上，这些信息都有。

而咨询公司也同样会有各行业的研究报告。比如埃森哲经常会在官方网站和微信公众号（"埃森哲中国"）发布一些研究洞察。其他知名公司，比如麦肯锡、波士顿咨询、贝恩咨询等，也都有自己的官方网站和公众号。如果关注这些公司的公众号，我们不定期就会收到它们在不同行业的前沿研究。

除了这些咨询公司以外，很多偏市场研究的公司也是非常好的信息来源。比如，全球最大的市场调研机构尼尔森，TMT（电信、媒体和科技）行业知名机构高德纳咨询，国内最有名的则是专注于TMT

行业的艾瑞咨询。

不仅如此，各大互联网公司也有自己的研究机构，比如腾讯有企鹅智酷，阿里巴巴有阿里研究院，它们经常会发布研究报告。

表 2-3 是一些第三方研究机构的列表，供你参考。

表 2-3 主要研究机构类型

研究机构类型	机构示例	主要发布内容	公开情况
金融机构	● 申银万国证券 ● 摩根士丹利 ● 巴克莱银行	● 个股分析（公司分析） ● 行业现状与趋势分析报告	部分公开且免费，但大部分只向买方提供
咨询公司	● 贝恩咨询 ● 波士顿咨询 ● 罗兰·贝格咨询 ● 埃森哲咨询	● 行业白皮书 ● 研究报告	简略版报告公开，完整版仅向客户开放
市场研究公司	● 尼尔森 ● 欧睿国际 ● 艾瑞咨询 ● 易观	● 行业白皮书 ● 研究报告 ● 数据库 ● 年度报告	收费 简略版免费，完整版仅向客户开放
企业研究机构	● 阿里研究院 ● 企鹅智酷	● 行业白皮书 ● 研究报告	公开，免费

（3）搜索引擎

如果网站太多你记不住，可以直接通过搜索引擎来搜索机构的名称。

搜索引擎可以迅速找到相关资料，特别是当搜索引擎与以上两种方法结合使用时，可以达到事半功倍的效果。我相信你对搜索引擎的使用已经相当有经验了，不过也许你不知道的是，搜索引擎可以用一些指令，帮助你有效地精准化你的搜索结果。最常用的搜索指令有

4 个，而百度和谷歌都支持这 4 个指令。

第一，双引号。把搜索内容放在双引号中，代表完全匹配搜索。也就是说，搜索结果返回的页面包含双引号中出现的所有词，连顺序也是完全匹配的。这个指令可以帮助你精确地限定结果，特别是在搜索短语、短句时尤其好用。

比如搜索【界定问题】，则会出现所有的包含【界定】和【问题】这两个词的网页。而如果打上双引号，搜索【"界定问题"】，这时候就只会出现包含【界定问题】这个短语的网页。

第二，减号。减号代表搜索不包含减号后面的词的页面。需要注意的是，使用这个指令时减号前面必须是：空格＋减号，且减号后面没有空格，紧跟着的是需要排除的词。这个指令可以帮助你排除一些你不想要的结果。

比如，搜索【战略咨询公司 -麦肯锡】，就是搜索所有与战略咨询公司相关，但不含麦肯锡的内容。

第三，site（站点）。site 指令专门用来搜索某个域名下的所有内容，换句话说，就是把搜索限定在某个网站上。这是一个非常好用的"神器"。很多网站不支持站内搜索，或者站内搜索功能体验很糟糕，比如一些政府机构、研究机构的网站，这个指令就可以帮助你轻松找到网站内你想要的信息。

比如，我们要搜索罗兰·贝格网站中所有关于汽车的内容，就可以在搜索框中输入【汽车 site:rolandberger.com.cn】。

第四，filetype（文件类型）。它专门用于搜索特定文件格式。我想你一定搜过某本书、某个小说的文本文件（txt），但搜索结果往往会出现一些不相关的网页内容,这个指令就是专门限定文件类型的。

比如,要搜索PDF(便携式文档格式)版本的《金字塔原理》电子书,就可以在搜索框中输入【金字塔原理 filetype:pdf】。

以上是常用的指令。此外还有一些不常用的指令,如inurl(限制在地址栏中的内容)、inanchour(导入链接锚文字中包含搜索词的页面)。在表2-4中,我总结了一些常用和不常用的指令名称、用法和示例,以及百度和谷歌是否支持这些指令(Y表示支持)。以后使用搜索引擎查找相关信息只要保存这张表就够了。

表2-4 主要搜索指令

	指令	作用	用法	示例	百度	谷歌
常用	双引号("")	完全匹配搜索:搜索结果返回的页面包含双引号中出现的所有词,顺序也完全匹配	引号+搜索内容+引号	"战略咨询公司"	Y	Y
	减号(-)	去除部分搜索结果,要求搜索结果中不含特定关键词	搜索内容+空格+减号+不包含的关键词	战略咨询公司 -麦肯锡	Y	Y
	site	搜索特定网站中的内容	搜索内容+空格+site+冒号+命令参数	汽车 site:rb.com.cn	Y	Y
	filetype	搜索特定格式的文件	搜索内容+空格+filetype+冒号+文件格式	金字塔原理 filtype:pdf	Y	Y
不常用	星号(*)(通配符)	模糊搜索,用*代替不确定的内容	搜索内容+星号	麦*锡		Y
	intitle	搜索标题中含有关键词的网页	搜索内容+空格+intitle+冒号+关键词	薪酬 intitle:咨询公司	Y	Y

（续表）

	指令	作用	用法	示例	百度	谷歌
不常用	inurl	网址中包含关键词的网页	搜索内容 + 空格 + inurl+ 冒号 + 关键词	汽车行业 inurl:report	Y	Y
	related	查询与特定网站有关联的网站	Related+ 冒号 + 网址	Related:accenture.com		Y
	inanchor	导入链接锚文字中包含搜索词的页面	inanchor+ 冒号 + 链接文字	inanchor: 点击注册		Y

（4）书籍

早几年，互联网读书还没有现在这么发达的时候，因为很多书只能买实物，成本太高，所以使用专业书来做案头研究的情况并不太多。而现在有了像 Kindle（亚马逊电子阅读器），以及微信读书、京东读书等多种 App，可以非常方便地获取书籍信息，特别是开通会员后还可以免费阅读海量图书，因此书籍逐渐成为案头研究的一个重要方法。一般情况下，研究的对象主要包括领域内的专业书，比如技术类、管理类、基础理论类等。

（5）综合型数据库

这是我之前在咨询公司的首选，国内有万得数据库，国外有彭博数据库（Bloomberg）、Capital IQ（标普旗下的核心金融数据库）、欧睿国际数据库等。这些平台数据非常全，想要的绝大部分数据都可以找到，而且使用很方便，可以迅速地导出到 Excel（电子表格软件），甚至有 Excel 插件。最大的缺点就是这些数据库都很昂贵，很少有公司愿意采购。

总结来说，案头研究的优点在于，收集信息快捷方便，能够获得的信息量大、覆盖面广，并且一般都具备比较完善的系统性，最重要的一点是成本比较低。除了专业数据库外，大部分信息都可以免费获得。

但案头研究也有一定的缺点：一是资料量太大，短时间内难以迅速抓到重点，也就没办法迅速消化理解；二是有些信息在公开渠道并不一定能够查到，有时候就算查到，也有可能是过时信息。

在这时候，就要使用第二种方法，也就是访谈了。

2. 访谈类研究

什么是访谈？说白了就是以对话的形式得到自己想要的信息。访谈对象主要包括业内专家、从业者以及资深用户。

访谈的好处在于可以利用他人的经验迅速抓住问题的本质和脉络，帮助你深入浅出地理解专业术语，并且可以确保这些信息与时俱进。而访谈的难点在于访谈对象非常难找，特别是领域内的专家。很多时候我们只能退而求其次，寻找行业内的普通从业者和资深用户。

这里要特别提一下实地走访。如果你对某个产品、某个领域不了解，可以去实地勘察一下情况，在现场和相关人士聊一聊，这样可以带给你全方位的体验，比其他研究方法更能够让你迅速领悟。

比如，我之前做过一个奢侈品行业的研究。奢侈品行业的资深从业者很难找到，比如，奢侈品品牌的高级管理人员等，于是我就去商场假扮成顾客询问专柜服务员一些信息，同时也会向周围购买奢侈品比较多的女同事请教。

再比如，知名做空机构（通过发布企业负面消息来使其股价下跌，谋取利益）浑水研究公司（Muddy Waters Research），就是通过实地走访的方式来挖掘上市公司负面信息的。浑水公司最近做空在美股上市的瑞幸咖啡，就是雇用了92个全职和1 418个兼职调查员，花费981个工作日，收集了25 843份客户收据，在全国53个城市的门店样本中全天候录像，共计录制了11 260小时的门店流量视频。通过这样非常"硬核"的实地走访方式，最终得出结论：瑞幸咖啡涉嫌数据造假。在浑水公司发布了这份长达89页的报告发出后，瑞幸咖啡的股价当天暴跌20%。

信息的交叉验证

有了以上这些信息来源，就足够帮助我们了解问题中的专业术语了吗？实际上，仅仅有各类信息来源，并不能保证我们就能够获得可靠的信息。进入自媒体时代以来，网络上不靠谱的谣言满天飞，我们需要具备一定的能力才能去芜存菁。

访谈得来的消息也并不一定完全靠谱，受访者出于自身利益考虑，偶尔会故意给出不准确或不实的信息。

比如我之前做过一个和代理商相关的研究。企业之所以设置代理商，一方面是要靠代理商完成一些脏活和累活，比如制作投标材料、跑竞标流程、搞定客户等；另一方面，代理商往往和企业内部人员有着千丝万缕的关系。因此，访谈代理商时，这些信息往往是受访者不愿意透露的。不仅如此，有时候由于受访者自身地位、能力有限，给出的信息也不准确。

这里就需要进行信息的交叉验证。交叉验证一般有三种方法。

（1）通过不同类型信息来源获取的同一信息进行交叉验证

在获取信息时，不能偏听偏信，只用案头研究或者只用访谈类研究，而是要两种方法同时使用（如图2-1所示）。

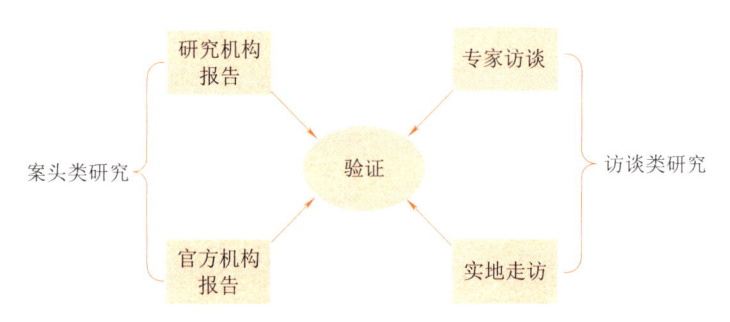

图2-1 不同类型信息来源的交叉验证

你在访谈中听到的消息，要通过案头研究，看看专业机构是怎么阐述的，进而进行验证。如果不同渠道获得的信息是一致的，或者相差不太大，那么就可以认为这个信息是准确的。

比如，你要做一项和5G相关的工作，但对5G不熟悉。如果想要获得5G的准确定义和技术参数，你可以先从互联网搜索信息，找一找研究报告，然后再去与5G技术密切相关产业的人员聊一聊。这样从不同渠道拿到信息，不仅确保你获得的定义准确无误，同时也可以听一听各方观点，让你对5G有一个立体性的认知。

（2）同一类型但通过不同渠道的信息来源获取的同一信息进行交叉验证

在做案头研究时，不能只找同一个机构发布的信息，要找不同机构以及不同类型的机构发布的信息（如图 2-2 所示）。

图 2-2 同一类型但不同渠道的信息来源的交叉验证

比如，你获取了一份艾瑞咨询的报告，这时候你不能只看这份报告或者只看这家公司的报告，还要综合其他调研公司，以及券商研究所、咨询公司乃至政府机构的文件。

同理，在访谈时，也不能只找同一个人或者同一个公司的人进行访谈，要尽可能多地找不同公司、不同行业、不同职位的人进行访谈。

如果你案头类研究和访谈类研究都是找的同一行业的信息来源，就很容易出现偏差。再以 5G 为例，你在做案头研究的时候，需要找一找各个研究机构的研究报告，最好要涵盖金融、咨询等研究机构，同时也一定要覆盖工信部等政府部门发布的文件、标准等，这样才能确保你的信息来源可靠。

同样，你在访谈时，也最好能够找到电信公司、通信设备公司、手机公司、互联网公司等不同公司的人员。他们处于 5G 产业链上的不同环节，可以带给你更加全面的认知。

（3）验证关联信息之间是否有矛盾之处

以上两个方式验证的对象都是同一信息，换句话说，就是同一个专业术语、内涵或者外延需要通过多方打听，互相印证。验证关联信息则更进一步，即不能孤立地看获取到的信息，而是要把相互关联的信息放到一起去看。很多时候单独的信息是看不出问题的，一旦把信息放到一起，就很容易看出其中的端倪。

再以5G为例。"5G近三年发展趋势"是属于外延类型的信息。很多专家在鼓吹5G的巨大前景，鼓励大家现在就买5G手机，可问题是手机厂商、互联网公司、运营商等真的能在短时间内立刻完成更新换代吗？这涉及巨大的成本投入，显然没办法一蹴而就。

所以，硬件（手机厂商）、应用生态（互联网公司）、基础设施建设（运营商）这些都属于与5G发展相关的对象，如果你单纯只关注某一方，显然是无法做出正确判断的。

理清专业术语：what-else 循环法

那么，有没有什么小技巧可以帮助你理清专业术语呢？这里给你介绍一个很实用的技巧，就是不断地问自己两个问题：这是什么？还有什么？我称之为 what-else 循环法。第一个问题"这是什么"就是 what，即搞清楚这个内容的定义。第二个问题"还有什么"就是 else。不断问自己这两个问题，就会不断产生新的问题。

不断循环提问与回答这两个问题，从而产生新的问题，在回答这些问题的过程中，就可以逐步弄清楚陌生专业的术语及其外延。图 2-3

就是 what-else 循环法的操作示意图。

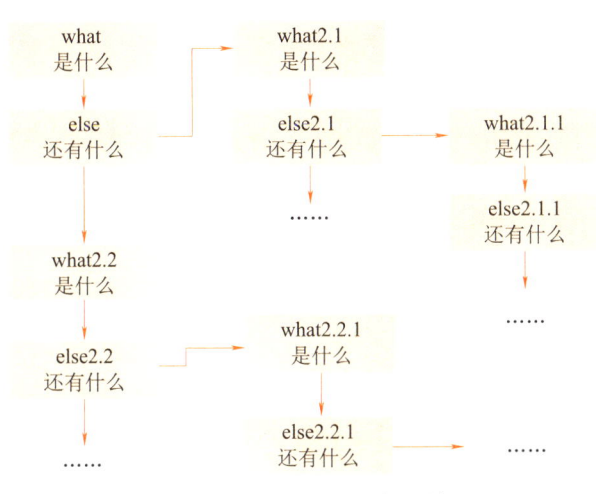

图 2-3　what-else 循环法

怎么理解这个 what-else 循环法呢？举个我自己做过的奢侈品研究分析的案例。

首先，通过搜索引擎，我对"奢侈品"这一名词有了一个理性认知（what），同时熟悉了几个典型的奢侈品集团，如历峰集团、路威酩轩、开云集团等。

其次，询问自己除了这些品牌，还知道哪些品牌（else），于是我又了解了汤姆·福特、瓦伦蒂诺等品牌。

再次，我继续提问：这些品牌有哪些产品（what）？我通过这些集团的官网，对它们的产品线做了研究。然后再问（else），还有哪些其他品牌提供这些产品（else）。这样，通过不断循环，我对奢侈品品牌和产品线有了充分认知。

最后，我通过公司内部数据库，找到了许多专业机构发布的奢侈品行业相关的研究报告和数据。这些数据一方面印证了我对奢侈品的理解，另一方面也让我对奢侈品市场有了初步的认识。我还请教了公司里对奢侈品非常有研究的同事，与他们讨论奢侈品的定义、品牌的定位等。通过以上工作，我对奢侈品有了较为全面的认识。图2-4是我在这个案例中的操作流程，它能帮助你更直观地理解这个循环法。

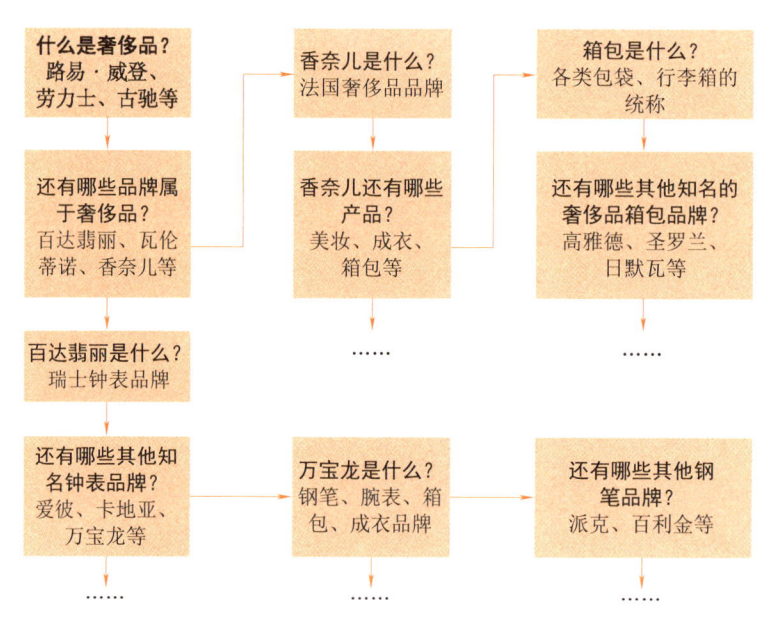

图2-4 what-else循环法的实际案例操作

一般来说，奢侈品包括几类：一是箱包，比如路易·威登、爱马仕；二是成衣及定制服饰，比如香奈儿、瓦伦蒂诺；三是鞋履，比如菲拉格慕；四是配饰，比如万宝龙钢笔、墨镜等；五是腕表，比如劳力士、百达翡丽；六是珠宝，比如卡地亚、梵克雅宝；七是化妆品，比如海蓝之谜、圣罗兰；等等，这些都属于奢侈品的范畴。

有些品牌有多个产品线，比如香奈儿基本是每一个类目都有涉猎，而有的品牌比较专精，比如大部分腕表和珠宝品牌不会去卖箱包、卖衣服。有些研究机构会把私人飞机、游艇甚至别墅纳入奢侈品的范畴。

在以上这个循环中，当然少不了查阅各种资料、网站或者询问了解这个领域的人。

那么，what-else循环到底要做到什么程度才可以停止呢？当做这个循环时，你无论怎样提出新的问题，都与之前循环中提出来的问题有重复，也就是说，当无法提出新的问题，只能在老问题里打转时，你就可以认为自己把问题搞清楚了。

一些可以直接套用的框架

说完这么多学习和理解专业术语的方法和技巧，我们再介绍一些现成的思维框架。这些思维框架都是我通过以上方法和技巧反复实践之后得出的，如果你觉得一开始就通过what-else循环法来多方打听和反复求证有些难度，那么可以从这些框架入手，逐步培养自己熟悉陌生领域的能力。

一般情况下，我们可以把陌生的词汇、专业术语分成三类。这三类分别对应三种不同的框架。

第一类：产品型术语

也就是说，这些词汇本身代表了一种产品或服务。这里的产品和服务既可以非常宽泛，具备行业属性，比如奢侈品、战略咨询、快消、社交软件等，也可以非常具体，甚至是一个具体的品牌，比如口红、纯净水、苹果手机等。

针对这类名词，首先需要明确其内涵，即包括基本定义（是什么）、定义的历史变迁情况，以及分类情况和典型品牌。有了初步认知之后，我们可以对其外延做深入研究，研究方向是其产业链的上下游，以及有关联的产品。上游就是供应商，下游就是客户，有时候不仅要看直接客户，还要看最终客户。而关联产品则主要是替代品。

> 比如TPU（热塑性聚氨酯弹性体）是一种化学品，可以应用在很多不同的领域，其中鞋底是非常重要的一个应用方向。这里你就不能只看鞋底加工厂（直接客户），还要看鞋厂、品牌方以及最终购买的消费者。而TPU在很多领域可以代替传统PVC（聚氯乙烯）等材料。搞清楚了这些，可以有效帮助你理解TPU这种化学品。

第二类：技术型术语

这类术语纯粹和技术相关，不代表具体产品。这里的技术可不仅指信息技术，凡是涉及专业知识的术语都可以算作这一类。

比如平衡计分卡、供应链管理就是管理学范畴的技术术语，而AI（人工智能）、5G、AR（增强现实）、VR（虚拟现实）则是信息技术领域的技术术语，而电解、硝化这些词汇则是化工行业的技术术语。

针对这一类名词，同样要先明确其内涵，即包括技术参数、技术应用方向、技术分支方向和当前技术使用情况等。而其外延则主要聚焦在与之相关领域的技术发展情况。如果技术已经形成产业，同样可以熟悉其产业链上下游情况。

第三类：一般性名词

这一类涵盖范围比较广，凡是非产品、非技术类的名词，都可以归为此类。比较典型的如人名、地名。

和之前一样，了解其内涵是重中之重，也是一切的基础。针对这类名词，我们主要了解它们的基本释义以及应用场景即可。当然，其外延也不可忽视，可以主要研究与之相关联或者同一类的名词。

说到这里，让我们回到最初的案例，即身为职场菜鸟的我，当年是如何搞定那个任务的呢？

首先，我利用公司内部的数据库资源重新学习了供应链金融的定义，特别是了解了与供应链金融相关的内容。

基于这个定义，我不断用what-else循环法进行深挖。比如，

除了银行主导的供应链金融，还有哪些其他模式？（else）

由中心企业主导的供应链金融是什么样的？包括哪些类型？（what）

再比如，除了阿里巴巴和京东外，还有哪些其他企业主导案例？（else）找钢网、海尔、怡亚通等企业案例是怎样的？（what）就这样一步一步延伸下去。

由此，我总结归纳出了供应链金融的典型模式、具体运营方法和国内外典型的成功案例等。当然，在这个过程中，我也通过电话的方式向行业专家求教，以及向我学习供应链物流专业的同学请教，确保我对供应链金融的理解准确、全面且与时俱进。获取以上信息大概花了我大半天的时间。

之后，我拉上合伙人，再三确认他想要我做研究的具体方向。这时我知道他下周有个与客户的沟通会，客户希望了解一些供应链金融的运作模式，而这有可能成为潜在的咨询项目。于是我和合伙人明确了三个研究主题：一是国内供应链金融的发展阶段与发展方向，二是国外领先的供应链金融模式，三是我们公司曾经做过的供应链金融方向的成功案例。这需要我在周一下班前做好PPT。

于是周末我加了两天班，先是将以上问题拆解成若干个小问题，再一一研究解决，最后制作PPT。当我在周一下班前把PPT提交给合伙人时，他非常满意。

第二个层次：剖析问题的本质

为什么要剖析问题的本质？

第一，明确问题的实质可以帮助我们聚焦问题，避免把力气花在那些不必要的地方。

我经常在知乎、公众号上分享一些行业分析、战略规划的知识，因此也经常收到这样的私信提问：如何做行业分析？

看似这是一个非常典型的问题，但事实上这样的问题非常难回答。为什么这么说呢？因为我并不了解提问人的目的和意图，不同出发点去做行业分析，关注点、分析方法都有可能不一样。换句话说，因为我不了解问题的本质，也就无法解答这个问题。

比如，证券公司做行业分析，主要服务对象是机构投资者，它们一般是通过分析行业发展的现状与趋势，预测上市公司发展前景，从而做个股推荐。证券公司本身不做投资，研究的行业一般规模较大，而且以传统行业居多。

同样是金融机构，风险投资行业做行业分析则不一样。它们通过分析一个新兴的行业，判断这个行业是否值得布局，以及有哪些投资标的，这是直接为投资做服务的。风险投资行业看的更多是新兴行业，而且很多行业发展并不健全，因此研究方法和证券公司差异很大。

所以，行业分析看似是个很标准、很容易解答的问题，但背后包含了许许多多的内容。如果真的要讲一个完整的体系，恐怕要写一本书了，所以我说这是一个很难回答的问题。

但是，一旦我了解了提问人的意图，也就是问题的实质，比如知道他处在什么行业、想要做什么样的行业分析、最终的服务对象，那这个问题就简单很多，我会结合这个行业的特点去讲方法和技巧。

所以，只有明确了提问人的意图，我们才能有的放矢地提出针对性的建议，提高沟通效率。

第二，问题的出发点为后续解决问题确立了一个基本原则。后续工作如果有不明确的地方，只要看是否符合问题的本质即可。

我曾经和某个2B（面向企业）产品的团队进行过产品功能的讨论。在讨论进行过程中，该团队的产品经理与运营经理针对某个功能实现争执不下。产品经理认为这个功能仅需要简单实现即可，不需要加入太多东西；而运营经理则从运营的角度说明，这个功能需要尽可能地细化与优化，因为涉及客户体验。在听他们俩争论了15分钟之后，我终于忍无可忍了。我提出，我们现阶段的目标是抢在竞品前上线该产品，所以我们只要确保测试版产品没有大的漏洞，同时能最大限度地满足客户的基础需求即可。产品和运营这时候才突然意识到这一点，于是各退一步，以产品上线与基础功能为出发点提出了新的方案,很快达成共识。

我们在做工作时,由于时间跨度长、事情繁杂、参与人员多等因素,常常会遗忘工作的出发点,从而引发很多不必要的纠纷。这时候我们最需要做的就是回到问题的原点,以问题目标为导向进行判断。

第三,问题的本质帮助我们明确问题的方向,进而可以判断问题的价值。

这实际上是非常重要的一点,因为并不是所有的问题都值得去解决,而有些问题也许值得被解决,但不值得投入大量的人力、物力去做,或者并不需要当下立刻去做。

利用问题辨析表剖析问题的本质

这里,我们推荐一个咨询公司的工具——问题分析表,帮助你剖析问题的本质。

有的时候,和你合作的客户、同事或上司不能清晰地描述他们想要解决的问题;有的时候,问题涉及的点很多、很散,无法分辨问题的重点;还有的时候,问题太空洞,让人无从下手。麦肯锡咨询公司因此开发了一套问题分析表来帮助咨询团队搞清楚问题。

因为这张表仅适用于咨询分析的场景,所以我重新加以修改,使其适用于各种场景,并将其命名为"问题辨析表"。这套辨析表可以帮助我们有效地界定问题,从而更容易触及问题的核心。

这套辨析表还有另外一个名字,我称之为"321 表",因为它是靠 3W-2S-1R 这三个部分串联而成的(见图 2-5)。

3W	**问题提出人及相关方(who)** • 发起这个问题或者与这个问题相关的主要利益相关方有哪些(如客户、供应商、公司总部等)，主要决策人是谁，会如何影响问题的解决 • 这些利益相关方对问题解决的期望是什么	**问题背景(why)** • 问题被提出的背景(如经济环境背景、行业背景或发展趋势、公司经营现状、发展方向等) • 问题背后的动机，或者这个问题实际是为了实现哪些需求	**问题的迫切程度(when)** 问题需要在多长时间内被解决
2S	**问题成功解决的标准(standard)** 从利益相关方的角度出发，问题解决到什么程度才算是成功，判断问题解决的标准有哪些(如财务汇报、运营效率提升等)	**问题的范围(scope)** • 哪些问题需要解决，这些问题需要解决到什么程度 • 哪些问题不需要解决	
1R	**风险与挑战(risk)** • 在解决问题的过程中我们将面临哪些挑战 • 这些挑战是否会影响到最终的解决方案，如何克服这些挑战		

图 2-5 "321" 表

第一个部分：3W

3W 分别是指 who（谁提出）、why（为什么提出）、when（什么时候被解决）。

1. 最重要的一点就是 who

我们在搞清楚问题之前，首先必须要搞清楚问题提出者。我们要弄清楚问题提出人的位置及其利益点，这和未来问题的解决息息相关，因为解决问题的过程实际上就是满足问题提出人需求的过程。如果问题提出人的需求无法满足，那么这项工作可以基本认为是失败的。

因此，在解决问题的过程中，首先要关注的就是问题提出人；在

02 第一步：界定问题

后续解决问题的过程中，也需要与问题提出人反复沟通，确保问题顺利解决。

不仅如此，不同位置的人，由于利益点不同，即使提出了相同的问题，其出发点也是不一样的，从而会带来问题解决方案的不同。

> 我曾经在一家美资上市公司战略部工作过一段时间，当时接到这样一个需求：了解客户对工业设备A的需求。需求提出方主要是两位，一位是该产品的销售总监，一位是该产品的研发总监。
>
> 通过沟通我发现，这两位提出者的需求截然不同。销售总监是想了解哪些客户对工业设备A有需求，应该如何撬动这部分客户的预算；而研发总监则更多是从产品功能角度出发，看目前公司产品是否能够满足客户需求，如何改进产品。
>
> 因此，我针对他们做了两份不同的分析报告，分别从客户潜力和产品功能角度针对客户需求进行调研。

除此以外，问题的利益相关方也非常重要。利益相关方不是问题的直接提出人，但解决这个问题会牵涉到他们的利益。问题的利益相关方可以是一个群体，比如一家公司、一个部门，也可以是个人。

常见的利益相关方包括以下三类：

一是获益方，说白了就是解决这个问题后，该个人或者群体会获得收益。

比如上面的案例，销售总监和研发总监就是互为利益相关方。更好的产品功能有利于开拓销售，同时大客户向销售提出的需求又反作用于产品的改进。好的客户需求分析工作可以为双方带来收益。

二是受损方,也就是说,某一项工作完成或问题解决后,某群体或个人利益会受损。

> 我曾经做过一个运营效率优化的咨询项目,目的是帮助客户公司提升运营效率。这个项目就需要触动一些销售和运营团队的利益,减少他们的灰色甚至是黑色收入。在我们做项目的过程中,这些部门采取的是抗拒和阻挠的态度。

三是资源投入方。也就是说,在解决问题的过程中,需要某个团体或个人投入资源,最常见的就是投入人力资源(派人一起来干活)和金钱(分担项目产生的成本)。

资源投入方有可能是获益方,也可能是受损方,还有可能是无获益无受损方。获益方往往是愿意投入资源的,而受损方和无获益无受损方往往对投入资源非常抵触。这时候就要和问题的提出人、问题受益方紧密联合,充分调动这些资源。

2. why

在明确了问题提出人及相关方之后,我们需要开始探究问题提出的背景,也就是 why,即问题为什么被提出来?利益冲突点在哪里?动机是什么?

问题不可能凭空产生,它们一定是某个人或者某个群体在实际工作中遇到了麻烦才提出的。我们最好从背景(如经济环境背景、行业背景或发展趋势、公司发展方向等)出发,深入探索问题背后的动机。

就像之前我经手的那个案例，销售总监提出这个需求，是因为最近销售增长放缓，KPI（关键绩效指标）压力大，因此需要更好地估算客户潜力，发掘新的机会点。而研发总监则是最近收到了很多来自客户的抱怨，提到其产品无法完全满足客户的需求。

可以看到，只有了解了利益冲突点，也就是问题提出者到底是哪一部分利益受损了，才能做到聚焦化解决问题。

这里需要注意的是，最好能把利益冲突量化，比如量化成销售收入增长率、客户投诉率等指标，因为只有把这些因素量化，才能更好地帮助我们判断问题的严重程度。

3. when

when 就是问题的急迫程度，即问题什么时候被解决。换句话说，就是问题需要立刻解决，还是可以过一段时间之后再解决。了解这一点，关系到后续工作的时间安排。

比如在互联网企业中，开发部门的工作强度一般都非常大，但是新的需求又不断地被提出来，这时候，就要考虑需求的急迫程度来进行排期。当然，需求的重要性也是需要考虑的一个关键点。

以上就是问题辨析表的第一部分——3W。搞清楚了 who、why 和 when，我们对问题就有一个基本认知了。这里需要注意的是，这 3 个 w 都必须通过和问题的提出人、利益相关方紧密沟通而获得，千万不能自己闭门造车。

第二个部分：2S

2S 分别代表了 standard（标准）和 scope（范围）。

1. standard

standard 就是问题成功解决的标准，明确怎样才算是解决问题，也就是问题的最终目标。

为什么要强调这一点呢？因为我注意到大部分人在最开始都没有搞清楚问题的目标，就要动手去做。比如，领导让你运营公司公众号，这时候你就必须先搞清楚，到底运营到什么程度才算是成功。是"粉丝"涨到 5 万，还是平均阅读超过 1 万，抑或是做出几篇 10 万+ 的文章？

最终的目标实际上会对问题的本质产生一系列影响。

目标不能定得太大，因为过大的目标一定会导致资源投入过多，解决时间过长。利益相关方不一定能接受这么大的资源投入，而问题提出人也不一定会接受超出原本预算的解决时间。

目标也不能定得太空泛，因为过于空泛的目标相当于没有目标。目标制定最好有一定的量化标准，比如销售额提升 ×× 万元，客户满意度提升 ××%，成本降低 ×× 万元等。即使没有量化标准，目标也一定要具体。比如，做市场研究输出的是市场研究报告，这是无法量化的，这时候就可以尽量明确报告中应该包含什么内容，比如市场规模、发展趋势预测等。

因此，明确问题的目标不是简单沟通一次就能搞定的，而是一个反复拉锯的过程。在这个过程中，你不仅可以为自己争取更多资源和利益，也可以帮助问题提出人及利益相关方明确他们的需求，统一目标，避免后续工作出现反复。

2. scope

明确了问题的成功标准，接下来就是明确问题或工作的解决范围，即 scope。

范围其实就是规定清楚哪些工作需要做，需要做到什么程度，还有哪些工作不需要做。

你可能要问，既然已经限定了工作目标，为什么还要限定范围呢？

首先，完成同一个目标会有很多不同的解决路径，包含的工作内容也有多少之分。事先规定好问题的范围有利于把握准方向。

就拿削减人工成本这一看似简单的目标来说，削减人工成本有裁员、降薪、砍福利、减少年终奖等多种手段。但选择不同的方法，其难度不一样，给整个项目乃至公司带来的影响也不一样（比如，裁员就是最简单粗暴，但执行起来最麻烦的一条路）。如果事先界定好范围，比如采取大部分靠降薪和砍福利，小规模裁员的方式，这样后续再去执行时就更有方向，不会出现南辕北辙的情况。

其次，很多工作往往可以无限优化，如果不限定好范围，容易导致工作做起来无休无止，没有尽头。

以战略分析工作为例。假设需要做一个汽车行业市场规模的估算。实际上，估算汽车行业的市场规模，既可以估算销售金额，也可以估算汽车销售量（卖了多少辆），除此以外，还可以把汽车划分为不同类型。比如按照品牌分，可以分为高端品牌、中端品牌和低端品牌；也可以分为国产品牌和进口品牌；进口品牌又可以进一步细分为日系、美系、德系等不同品牌。对以上不同类型的细分市场规模的估算，同样属于市场规模估算的范畴，如果事先不加限定，很容易陷入无止境的细节工作中。

一般情况下，做这类工作都会和需求提出人限定好，到底要不要看细分市场，以及看哪几个细分市场，因为不可能面面俱到。

最后，事先限制好工作范围，也可以有效避免后续产生争议。

在咨询公司里，每次咨询项目开始前都有一个比较长的与客户沟通的过程。沟通的内容主要包括客户希望咨询公司帮助他们完成什么任务，希望这个任务需要包括哪些内容、完成到什么程度，以及时间规划。而这些沟通内容都必须在合同中明确列出来，这被称为工作说明书。

> 客户提出要做一个战略咨询的项目，咨询顾问首先就要问客户，到底是公司整体的战略还是某个事业部或分公司的战略；其次要确定到底是要做一个5年战略规划，还是做收入增长战略，抑或市场进入战略。最后要确定好这个战略咨询中到底要包含哪些内容。比如，要包含哪些产品、哪些品牌？针对哪些地域？针对哪些渠道？需要覆盖公司内部哪些部门，比如销售、供应链、财务、人力资源等。

咨询项目往往都是高度定制化的。由于客户所处的行业不一样、诉求不一样，同样类型的项目，其需求都有可能千差万别。之所以要规定得这么细，是因为以上任何一个问题的分支都牵扯到非常大的工作量，需要投入大量的人力和时间去完成。一般客户预算有限，只能将有限的预算投入最需要做咨询的业务板块中去。

试想一下，几百万元甚至上千万元的咨询项目，如果一开始双方没约定清楚，咨询公司研究的是A市场，结果客户想要了解的是B

市场，项目开始了一段时间之后，双方才发现了这一分歧，那么产生出来的费用该算谁的呢？

这一点其实不仅针对咨询行业，在很多其他行业都是非常精细的。比如大型工程的投标，往往会精确到每一个设备应具备什么样的参数，选用什么样的品牌、型号，还要写清楚什么时候交付、如何交付等内容。项目投标文件也需要改了又改才能提交，其实这项工作在本质上是一样的，都是在前期充分地明确目标之后再开始做，才能避免后期纠纷。

一般的生活与工作，当然没必要事事都去签订这么复杂的工作说明书。如果你在公司内部协作的场合抛出长达好几页的工作说明书，很有可能起到反效果。在这种情况下，实际上一个明确而简洁的问题范围就显得非常必要了。

因此，问题范围和问题解决的成功标准处于相同的重要地位。

第三部分：R

R 就是指风险（risk）。

为什么要在工作的最开始就把风险提出来呢？这实际上是无数职场人士总结出的血泪教训。

一方面，很多时候问题提出人以及相关方在提出问题的时候认识并不充分，或者过分乐观，这时候就要尽快分析出风险所在，与他们充分沟通，让他们也充分了解可能发生的风险。这在经济学上叫"预期管理"。

另一方面，提前识别出风险，可以提前对风险进行规避或制定预案。这样不仅可以预先调动资源，避免风险出现时准备不足，还可以在风险发生时尽早识别、尽早控制，减小风险带来的损失。

以上就是问题辨析表中的主要元素。这里还有四点小诀窍，可以帮助你更好地做问题辨析。

第一，始终让最重要的利益相关方参与。这里的利益相关方一般是指管理者和决策者，尽量让他们参与并直接决策，可以避免多次请示和修改。

第二，确保沟通渠道畅通，让参与问题界定的各方都达成一致。这里的沟通是多维度的，可以通过邮件、会议以及私下沟通等多种形式，确保各方观点一致，并且最终能固化下来。

第三，反复迭代，如有需要，可以重新界定问题的范围。问题定义的过程难免需要修改和反复，而问题正是在这个过程中越来越清晰的。有些情况下，哪怕是在工作开始了之后，如果发现与预期不符合，那么把之前所有的结论都推翻，也未尝不是一个好办法。所以，如果你觉得问题陈述不准确，随时都可以重来，这样总比做完所有工作后再重来要好。

第四，在问题界定过程中并不需要知道所有问题的答案。因为问题定义是解决问题的第一步，没必要也不可能把所有的答案都弄清楚。

利用重要 - 紧急矩阵帮你做好问题排序

这里我们需要思考一个问题：所有的问题都有价值吗？

在刚从咨询公司进入企业的一段时间，我接了很多来自各个业务部门的需求项目，比如研究分析、战略规划等，项目有大有小，我又来者不拒，以至在最初的两个月中大概完成了十多个项目。现在回想起来，实际上有些项目是不必要做或者不必要立刻做的。

之所以会这样，是因为咨询公司接到的需求往往都是比较重要的问题，当然这是一定的，客户愿意花几百万元甚至上千万元请咨询公司解决的问题，怎么可能不重要呢？因此，在咨询公司工作时，我对需求来者不拒是没有问题的。

但是，企业就又不一样了。由于战略部属于内部组织，因此也就不存在成本考量，反正有需求尽管提就是了，这对战略部的工作实际上是极大的挑战。因此我就总结了"问题价值矩阵"，帮助我进行问题价值的判断。

我在之前的问题辨析表中一再强调要将利益冲突点与急迫程度进行量化，而这个321表就可以在这方面发挥重要的作用。一旦有多个问题需要解决时，我们就可以根据问题辨析表中的3W，把问题进行分解。

需要注意的是，问题提出者对问题的重要和紧急这两个因素有重大的影响。

试想一下，如果是你的领导提出一个需求，你是不是应该马上去做呢？如果是一个重要客户提出的需求，哪怕这个需求并不能直接产生收益，你也会尽可能满足呢？因为问题提出者的重要性，他们提出的问题往往会被认为是重要且紧急的，需要优先解决。

因此，在有多个需求同时来到时，我们需要对问题进行综合判断，即进行重要程度和紧急程度的排序。

在图2-6中，我们首先要解决的当然是右上角这一区域的问题，其次是左上角区域的问题。那么，针对左下角和右下角的问题，我们是不是就不做了呢？当然不是。

这里，我们就要引入投入量的概念。

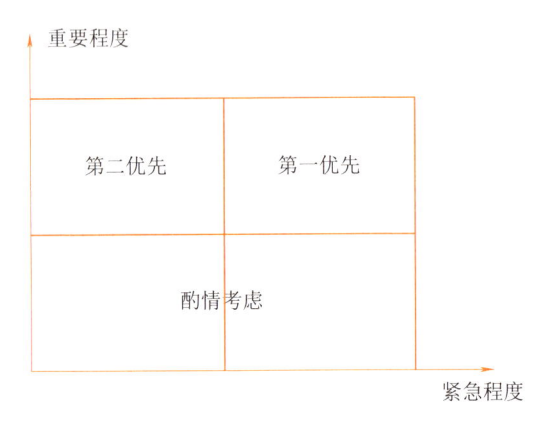

```
         重要程度
           ↑
    ┌──────────┬──────────┐
    │          │          │
    │  第二优先 │  第一优先 │
    │          │          │
    ├──────────┼──────────┤
    │          │          │
    │       酌情考虑       │
    │          │          │
    └──────────┴──────────┘  → 紧急程度
```

图 2-6　重要 - 紧急矩阵

简而言之，投入量就是我们需要简单预估可能投入的人力与物力，再进行判断。在重要 - 紧急矩阵中，我们可以将投入资源以圆的面积表示，圆的面积越大，其所需的人力与物力越多（见图 2-7）。

在图 2-7 中，问题 1 和问题 2 同处第一优先象限，由于问题 1 所需人力投入较少，因此我们可以考虑先完成，或者问题 1 与问题 2 同步完成。

而问题 3、问题 4 由于所需资源较少，且还有一定的重要性，可以在重要问题都完成后再完成。至于问题 5，本身需要大量的资源，但是产出并不多，我们一般不做考虑。

02 第一步：界定问题

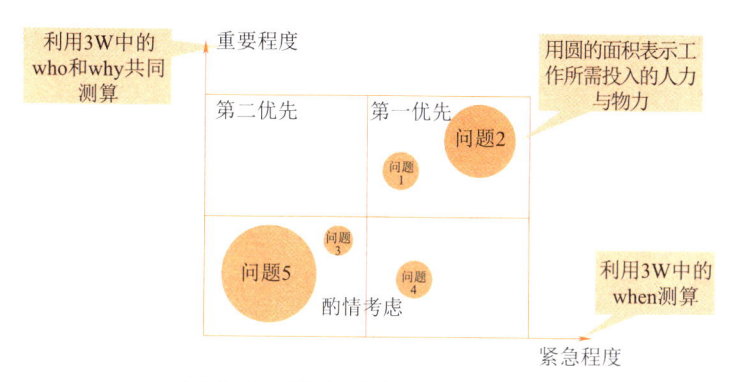

图 2-7 重要 - 紧急矩阵 + 投入量

比如我最近接到几个战略研究需求。

第一个需求是帮助一个产品团队调研竞品产品的特征。这是由产品负责人提出的，目的就是优化产品。但这样的优化对于业绩的提升非常有限，也并非需要立即解决，而投入的人力却不少，因此属于不重要也不紧急的需求，可做可不做。

第二个需求是分析一个重要模块下滑的原因以及应对措施。这是由公司负责人直接提出来的，因为这个模块在总业务收入中占比超过 30%，需要立刻解决。因此，这属于重要且紧急的需求，需要立刻去做，优先级最高。

第三个需求是搭建一个大业务模块的数据分析体系，这是我直属上司提出来的。搭建这个体系确实非常必要，但人力投入较大，因此属于重要但不紧急的需求，因此优先级可以往后放。

这里需要注意的是，判断问题的紧迫程度、重要程度以及工作投入量往往不是一蹴而就的，而是需要一个长期的改进过程，才能够形成合理的判断。

就像之前的案例，在经历了两个月密集的项目后，我开始使用这个重要 - 紧急矩阵。过程中也出过一些岔子，比如把某个不重要的事情提到了第一优先级，或者是因为对业务不熟悉，把某个很重要的事情放到了酌情考虑的部分，受到了业务方的一些抱怨。但在我又摸索了两个月后，已经可以很容易地判断问题的重要与急迫程度了。现在我脑海里甚至会自动生成一张矩阵图，把一个个问题安排在矩阵中合适的位置。

第三个层次：明确的问题陈述

什么是问题陈述

看到这里，我相信你会产生这样的疑问，熟悉了问题中的专业术语，剖析清楚了问题的本质，这时候为什么还要有第三个层次——问题陈述呢？难道不应该赶紧开始工作吗？

事实并非如此。

试想一下以下场景：

工作刚开始，不断有人会加入团队和你一起协作，怎样让他们迅速抓住这项工作的本质？

工作推进中，对下一步的工作方向会产生分歧，应该如何说服对方？

工作汇报时，应该如何让领导或者客户迅速回顾项目最初的需求？

在以上场景中，你当然可以使用问题辨析表来帮助你沟通，但问题辨析表最大的缺陷在于内容太多太细，沟通起来非常麻烦，效率不高。

这时候就需要问题陈述了。问题陈述的概念同样来自咨询公司，它可以是一句话或者一段话，它需要清晰地描述清楚问题的目标、实现路径等信息。换句话说，问题陈述就是对问题本身以及解决问题方法的高度概括。

问题陈述有几大优点：

第一，问题陈述为参与工作的各方指明工作方向。在职场中，大部分工作都需要团队来完成，问题陈述就是为这个工作团队确定了行动纲领，确保大家劲儿往一处使。

第二，在问题陈述的探索过程中，我们需要明确什么应该做，什么不应该做，这就进一步明确了工作范围。相反，如果最开始没有明确问题陈述，就很容易导致问题涉及的范围非常广，在有限的时间里很难面面俱到。

第三，在最开始把问题明确下来，可以有效避免后续纠纷，即使真的遇到纠纷，那么一开始商定好的内容就是你最好的武器。

问题陈述的 SMART 原则

那么，应该怎样做问题陈述呢？其实当你做完问题分析表时，你的问题陈述就已经完成了一半了。

问题辨析表中有 3W、2S 和 1R，而问题陈述运用的是 SMART 原则，它们之间是有对应关系的。

SMART 原则具体解析如下。

S 代表的是英文单词 specific，中文意思是"特定的"，即在进行问题陈述时，不能空泛地说问题，而必须提到问题的关键点。比如，你想要身材变得更好，你的问题不能是泛泛地说"我要减肥""我要变美"，而应该表达为更加特定、具体的目标，如"我要减重 5 公斤"。

M代表的是英文单词measurable，中文意思是"可衡量的"，即无论是问题本身还是解决目标，都尽量用量化的指标描述，比如，"减重5公斤"中的"5公斤"就是一个可测量的标准。当有时遇到难以量化的指标时，我们也可以用定性的指标来代替。比如在健身中，我们可以强调马甲线、人鱼线等，这些虽然不可量化，但也可以通过肉眼观察判断。

A代表的是英文单词action oriented，中文意思是"行动导向"，即在问题陈述时必须有明确的解决方向。再以减重为例，你的问题可以更加具体，比如"我要通过控制饮食、增强锻炼的方式减重5公斤"。

R代表的是英文单词relevant，中文意思是"相关的"，即问题陈述与初始问题必须密切相关。比如减重，如果你说"我要少打《王者荣耀》，减重5公斤"，"少打《王者荣耀》"和"减重"没有直接关联，这就是相关性。所以，问题陈述必须要与初始问题有关。

T代表的是英文单词time-bound，中文意思是"有时间限制的"，即解决方案都必须有时间限定。比如，如果最终的问题陈述是"我要通过控制饮食、增强锻炼的方式减重5公斤"，可能一年过去了，你的体重还是没有减轻，这时候，明确的时间限制就显得尤为重要，你可以这样进行问题陈述，"我要在3个月的时间里减重5公斤"。不过，设定时间还要注意合理性，如果你说我要在一天内减重5公斤，显然是不合理的，因为通过控制饮食、增强锻炼的方式显然做不到一天减重5公斤。

两三年前，我离开咨询公司加入了一家外企战略部。在我工作的第一周，参加完入职培训后，我的领导突然给我一项任务，让我研究中国消防设备市场。

这项任务是领导通过微信发给我的，只打了短短两行字，具体要研究什么设备、研究哪些话题只字未提。随后领导就飞往美国参加总部的全球领导人大会，很难再联系上了。

那么，我是怎么给这个问题下定义的呢？

我做了初步判断，领导要求我做中国消防设备市场的研究，一定是业务部门有需求，也就是确定了 3W 原则中的 who。因此，我询问了同事，公司是否有消防设备领域的业务。很容易地，我得知了公司有一个团队是专门做消防设备的。我与这个团队同事取得了联系，了解到这块业务由于受本土产品的价格挤压，非常需要一款本地化产品，而这个研究项目需求正是他们提交给领导的。这样我又确定了 3W 原则中的 why。而本地化产品这一举措，他们希望今年可以落地，因此这个研究项目的时间比较紧急，需要在一个月内出结果，这就是我最后确定的 when 原则。

在与领导简要确认了项目意图之后，领导让我直接与业务团队对接，于是我就开始着手做项目的问题陈述了。这时候，我就用上了问题辨析表其他部分。

首先，我进一步与业务团队明确了问题背景和利益相关方，即公司领导、消防设备业务团队，还有财务、人力、生产运营部门的人员。

其次，我拉上了这块业务的负责人一起开会，商定了本次研究项目的主要范围是客户需求和竞争对手的产品，最终需要制定出一个详细的战略规划，确保本地化产品可以落地。

最后，我提出了一些项目上的难点和风险，比如，竞争对手的信息可能难以获取；大客户比较难沟通，可能不会说出真实的需求，然后与业务团队一起商量对策，尽量找到解决方案。

有了以上内容，问题陈述就呼之欲出了。这个项目的问题陈述就是：在一个月内，通过调研客户和竞争对手，制定出消防设备产品本地化战略，包括时间规划、财务计划和人员安排，目标是未来本地化产品销售额超过进口产品销售额。

在这个案例中，"本地化战略"以及战略的内容，符合了SMART原则中具体和相关性原则。

一个月符合了T原则，也就是时间限制原则。

调研客户和竞争对手，符合了A原则，也就是可实现原则。

本地化产品销售额超过进口产品销售额则符合了M原则，也就是可衡量原则。

最后，在明确了问题定义之后，我将问题陈述、项目开展的一些关键点、风险点以邮件的形式发送相关人员，一方面是知会领导，另一方面是固化结论，避免后期出现不必要的纠纷。

核心知识点

本章是四步法的第一步：界定问题。

把问题弄清楚主要有三个层次。

第一个层次：熟悉和理解专业术语。

你需要弄清楚问题中提到的专业术语的基本概念内涵和外延。这里可以通过多种信息渠道打听、多方互相求证获取准确的信息，同时还可以用 what-else 循环法——不断问自己"是什么""还有什么"这两个问题，直至真正搞清楚问题的本质。如果你是新手，可以直接套用针对产品型术语、技术型术语和一般性名词的框架进行快速切入。

第二个层次：剖析问题的本质。

你可以利用问题辨析表理清问题的本质。问题分析表又称为 321 表，分别对应的是：

3W——who（谁提出），why（为什么提出），when（什么时候被解决）；

2S——standard（标准），scope（范围）；

1R——risk（风险）。

当然需要注意的是，并不是所有问题都值得被解决，你可以通过问题分析表中的 3W 帮你构建重要 - 紧急矩阵，确定问题是否需要被解决，以及解决的先后顺序。

第三个层次：明确的问题陈述。

问题分析表是帮助你撰写问题陈述最得力的工具，你还要配合 SMART 原则完成陈述。SMART 原则是：

S 代表特定的（specific），即必须提到问题的关键点，不能空泛，而要聚焦。

M 代表可衡量的（measurable），即尽量用量化的指标描述问题的结果。

A 代表的是行动导向（action oriented），即要有明确的行动措施。

R 代表相关的（relevant），即问题陈述与初始问题必须密切相关。

T 代表有时间限制的（time-bound），即解决方案必须有时间限定。

03 第二步：拆解问题

军中阅历有年，益知天下事当于大处着眼，小处下手。陆氏但称"先立乎其大者"，若不辅以朱子"铢积寸累"工夫，则下梢全无把握。

——曾国藩，《致吴竹如书》

用议题树拆解问题

为什么要拆解问题

作为一个拿到驾照多年的老司机，实际上我是一天车都没开过的。因此我向老爸求助，希望他能教我一些开车技巧，因为他是一位技术过硬的老司机。但和他学了几次，效果却非常差。比如，超车、侧方停车、倒车入库等技巧，往往是他演示一遍，就让我直接尝试，但我每次都是一看就会，一自己上手就怎么也完成不好，比如要么是超车把握不好时机，要么是倒车总是把握不好角度。而老爸觉得这些操作都是理所当然的，不用多做解释，只是让我多加练习，自己找感觉，多次下来，我始终不能很好地掌握这些技巧，也不敢轻易上路。

苦于找不到感觉，我又向另一位朋友求助，结果经过短短几次教学，我的车技就快速提升了。

首先，他和我分析，开车本身是一件非常复杂的事情，但可以分解为一系列简单动作，包括踩油门、踩刹车、挂挡、观察后视镜等。我首先要练熟这几个动作。其次，他又把一些具体的操作拆解为几个步骤，比如当你想超车时，需要观察后车位置，判断前车速度等。他教了我几次之后，我的车技就取得了突破性进展，在小区里面练熟之后就顺利上路了。

在这个案例里，老爸在教我时是把知识一股脑塞给我，我很难一下子就掌握诀窍，而我朋友则是把开车这件事拆解成可重复练习的若干动作与技巧，这样我每次只学一部分的话就很容易掌握，开车时只需要灵活运用就可以了。

解决实际问题的思路也是一样的。在面对大问题时，很难一下子就完成，正确的做法是把复杂的问题转化成一个个小问题，各个击破。这样做，才能给出更好的解决方案。所以，拆解问题是我们解决复杂问题过程中十分关键的一步，它有几个非常重要的意义。

第一，拆解问题可以在问题陈述的基础上，把问题描绘得更加清楚明晰。

试想一下你是建造大楼的施工人员，如果仅有一份大楼的效果图，显然无法开始施工，而你需要的是一份非常详细的设计蓝图，蓝图上需要标明大楼每一寸地面、每一寸墙壁的尺寸，以及施工标准、应用材料等。在上一章中我们重点讲述了问题界定的重要性，但即使做出了一份完美的问题陈述，也无法清楚地描述出问题的每一个细节。界定问题就好比给出了大楼的效果图，但大楼的结构、功能、材料等所有的细节都没有说清楚，而拆解问题的过程就是绘制施工蓝图、把这些细节一一落在实处的过程。在充分了解问题的基础上（问题陈述），再进一步把问题里涉及的方方面面的细节拆解清楚，可以帮助我们对问题有更深入、更清晰的认知，有利于后续的一系列问题解决过程。

第二，可以将复杂问题转化为多个简单问题，从多个角度分别给出解决方法，降低问题的解决难度。

"罗马不是一天建成的"，想要建成罗马这样的大都市，肯定先要有规划蓝图，然后平整土地，打地基，修路，建房子，等等，这样一步一步建起来的。任何一个大的、复杂的任务，都可以看作是无数小的、简单的任务的集合，只要把所有小任务解决好，大任务自然就可以顺利解决了。再拿开车这件事来说，在我还是新手的时候，我很难完成超车、倒车入库等复杂的动作，而这些动作也都是由加速、减速、打转向灯、看后视镜、调整方向等多个基础的简单动作叠加而成的。把复杂的动作一一拆解，再将各个基础动作训练熟练，对我这个新手司机来说就非常容易了。

第三，拆解问题的过程既可以发散，也可以收敛，有利于消除思考的盲区。

大部分项目都是需要团队共同完成的。拆解问题的过程是一个非常好的机会，团队成员共聚一堂进行讨论，所有团队成员都可以贡献自己的想法，力求思考问题的完整性。而在拆解问题的过程中，运用到的一些工具、原则和方法，比如 MECE 原则、假设驱动法等（后续章节都会有详细介绍），既可以帮助你充分剖析问题，开阔思路，也保证了思维的严谨性，把遗漏的可能性降到最低。

不仅如此，在拆解问题之后，我们还可以规划清楚解决问题的步骤，即先解决什么，再解决什么。

如果你是探险电影（比如《古墓丽影》《夺宝奇兵》）的爱好者，在惊叹于主角广阔的知识面和矫健的身手之时，千万不能忽视他们的每一次探险往往都来自一份藏宝图，即使没有藏宝图，也往往有一句口诀，才能把主角引向正确的地点。当我们把问题拆解完成后，也会得到这样一张藏宝图，这会是一份内容丰富的文档，里面列清楚了一个个小问题。有了这样一张"地图"的指引，我们就可以有充分的全局观。特别是那些复杂问题，拆解完之后形成的文档可以帮助我们理清楚解决思路，进而设计下一步的执行步骤。不仅如此，当我们面对复杂问题感到无所适从时，拆解成小问题可以有效降低解决问题过程中的焦虑感，减少拖延症的发生。

第四，预先拆解问题还可以帮助我们提前了解问题中的难点，以便后续重点攻克。

做什么事情都会遇到重点、难点问题，而这些重点、难点问题值得我们花大力气去解决。因为解决了这些重点、难点问题，整个问题可能就已经解决了一多半了。如果我们的做法反过来，在所有的地方都花同样的时间和资源，很容易就出现事倍功半的情况，甚至会影响到整个任务的进程。拆解问题的过程实际上就是一个思考的过程，在把复杂问题拆解成小问题时，我们很容易就可以发现其中的重点和难点，这时候就可以针对它们有所准备，然后集中力量将其解决。

什么是议题树

既然已经明确了拆解问题的重要性与必要性，那么应该怎样拆解问题呢？实际上，对问题的拆解无外乎两个方向。

03 第二步：拆解问题

一是将问题进行横向拆解。一般情况下，我们面临的问题往往由多个部分直接组成。横向拆解就是把这些直接的组成部分拆解开来。注意，这里仅需拆解"直接的组成部分"，不需要对各组成部分进行进一步拆解。

比如你想学英语，目的是通过今年的全国大学英语六级考试（CET-6）。那么，你需要做什么呢？很简单，你需要背单词、学习语法并针对六级考试的题型做训练、做模拟测试。这四项都是为了通过六级考试而必须要做的，换句话说，它们都是"通过六级考试"直接的组成部分，这样的拆解就是横向拆解。

有一点需要注意，横向拆解的结果必须是包含与被包含的关系，不能是关联关系。也就是说，我们在对某个问题进行横向拆解时，拆解的结果必须是这个问题包含的内容，而不能是问题没包含的内容，哪怕这个内容与问题相关联。

我们看一下生物分类学。在"脊椎动物亚门"（脊椎动物的一种，在生物分类学上属于脊索动物门）中，一共包括了7个纲，分别是：圆口纲、软骨鱼纲、硬骨鱼纲、两栖纲、爬行纲、鸟纲和哺乳纲。这7个纲与"脊椎动物亚门"就属于包含和被包含的关系，是一种横向拆解的思路。但是，我们在拆解"脊椎动物亚门"这一分类时，不能把"尾海鞘纲""头索纲"等囊括进来，因为虽然这两个纲和"脊椎动物亚门"属于同一门类，但它们属于别的亚门分类下。也就是说，虽然它们有关联关系，但不是包含与被包含的关系，因此不能被横向拆解。

二是将问题进行纵向拆解。一般情况下，问题不仅由多个部分直接组成，而且每个组成部分又有许多分支。纵向拆解就是将问题进行深度探究，也就是对问题的细节进行进一步分解。

还是以考六级为例。我们单独把"针对六级考试的题型做训练"这一项拿出来进行拆解，应该如何做呢？众所周知，六级考试的题型包括写作、翻译、听力、阅读四大类。因此，你需要分别训练这四类题型。那么，"针对六级考试的题型做训练"就可以进一步拆解为写作训练、翻译训练、听力训练和阅读训练四项。

我们还可以更进一步，阅读又包括了选词填空、长篇阅读和仔细阅读这几个题型，我们可以把阅读训练拆解成选词填空训练、长篇阅读训练和仔细阅读训练这几项。同理，我们还可以按照阅读文章的类型进行拆解，以长篇阅读为例，我们可以将之拆解为科技类文章阅读、文艺小说类文章阅读、新闻类文章阅读等。这样，针对某一个分支不断地拆解下去，我们就会得到越来越多的细节问题。

同样的道理，在对阅读训练的纵向拆解完成后，又可以对听力训练进行拆解，而听力有包括长对话、篇章、讲话这几个题型，只要一一拆解即可。当完成了"针对六级考试的题型做训练"这一项中所有的横向、纵向拆解后，我们就可以用相同的思路对背单词、学习语法、做模拟测试进行一一拆解。

通过这个例子我们不难发现，在纵向拆解的过程中，我们必定会使用到横向拆解。一个大的、复杂的问题就是在反复的"横向—纵向—横向—纵向"的拆解过程中逐渐细节化、清晰化的。

现在，我们就可以使用一个对拆解问题非常有用的工具——议题树，它的英文叫作 issue tree，也可以译作问题树、逻辑树、分解树等，本书采取其最正统的叫法——议题树。拆解问题的过程还有个专有名词，叫作搭建议题树。

议题树的概念最早来自咨询公司。咨询公司在每个项目开始前，都需要将一个复杂的大项目拆解成几百个小问题，搭建出一个庞大的议题树。而这个拆解过程往往要持续两天左右，经过整个项目组成员无数次讨论和修改之后最终成形。

为什么叫议题树呢？那是因为，将大问题拆解为许多小问题的过程，就是将问题拆解为许多个小议题，形成像一棵树的形状。图 3-1 中就是一个标准的议题树。那些层级高的议题就好比是一棵树的树根和树干，而那些层级低的、细分的议题就好像是树的枝丫和树叶。搭建议题树的过程就是不断让这棵树枝繁叶茂的过程。

一个标准的议题树一般会有 4~5 个层级，少数情况会拆解到更细。

第一层级是基本问题，也就是我们前面所讲的界定出来的问题陈述，这是我们工作的出发点，也是进行问题拆解的基础。它是议题树的树根。

图 3-1 议题树

后面几个层级中，拆解出来的问题一般被称为"议题"（issue），当然，你也可以直接叫它们"问题"。

第二层级的议题可以称为二级议题，也可以把它们叫作关键议题，因为它们是解决整个问题的关键性支柱；一般会把涉及基本问题的最重要的几个点放在这个层级。它们就是议题树的主干部分。比如，六级考试的例子中，只有做好背单词、学习语法、针对六级考试的题型做训练、做模拟测试这四项，你才有机会通过六级考试。这四项就是"通过六级考试"这一基础问题下的关键议题（二级议题）。

第三个层级中的议题是关键议题的分支，一般就叫作三级议题或者子议题。这些议题就是议题树上那些关键的枝丫。比如六级考试，在"针对六级考试的题型做训练"这一关键议题下，三级议题就包括写作训练、翻译训练、听力训练和阅读训练这四项。同理，"背单词"则可以按字母表顺序拆解成"背A~Z开头的单词"共计26个子议题，也可以按照词性拆解成"背名词""背动词"等几个子议题。其他几个议题也可以按照同样的思路进行拆解。

第四、第五层级则是进一步分解的细节议题，可以直接按照对应层级，把它们称为四级议题和五级议题。这些细节议题都是为了解决上一层级的议题而设立的。

比如六级考试，"阅读训练"是一个三级议题，把它进一步拆解，就包括选词填空训练、长篇阅读训练和仔细阅读训练这几项四级议题。同理，我们还可以在仔细阅读训练中继续拆解出五级议题。同样的道理，"听力训练"也是一个三级议题，对它进行拆解，则包括了长对话训练、篇章训练、讲话训练这几项四级议题。当然，其他几个议题也可以按照相同的思路进行拆解，这里由于篇幅所限就不详细展开了。

议题树的层级没有通用标准，而是基于解决问题的需求来的。如果问题比较复杂，那就多拆解几个层级；反之当问题比较简单时，可能三个层级就足够了。不过，在拆解的过程中也不要过于追求细节，一下子拆解出七八个层级。这样做一方面会花费大量的时间，对于原本就比较紧迫的任务来说是一种浪费；另一方面，即使拆到这么细，在实际工作中也会有许多意料之外的状况发生，或者本身思路有问题，导致做了无用功。

一般情况下，我建议议题树落到 4~5 层就可以了，这样既不至于花费大量的时间、精力去搭建议题树，又确保了议题树中有足够的细节，从而指导后续的工作。

议题树的表现形式

前文已经展示了最传统的、竖向的议题树，它可以被认为是议题树最基本的表现形式。绘制议题树一般可以使用 PPT、Excel、Word

（文字处理应用程序）来绘制，也可以使用思维导图软件，比如 Mind Mapping、MindManager 等。当然，思维导图工具也可以直接导出 Word 和 Excel 形式的议题树；同样，你也可以直接在白板或者纸上手写。咨询公司比较偏爱使用 PPT 和 Excel 这两种比较传统的工具，而互联网公司则更偏爱思维导图软件。

议题树的形式并非一成不变，除了像一棵树一样的议题树，还有很多种其他形式也都属于议题树的范畴。

纵向议题树

纵向议题树之前已经展示过了，是议题树最传统的表现形式，这里我想介绍的是纵向议题树的一些变体。

一种变体是所有的议题都按照纵向排列，这种议题树是按照关键议题—三级议题—四级议题的顺序向下排列，如图 3-2 所示。

从图 3-2 中可以看到，这种排列方式是先展现一个关键议题，然后展现这个关键议题下的第一个三级议题，然后进一步展现四级议题……等到展现到最低级别后，再开始展现该关键议题下的

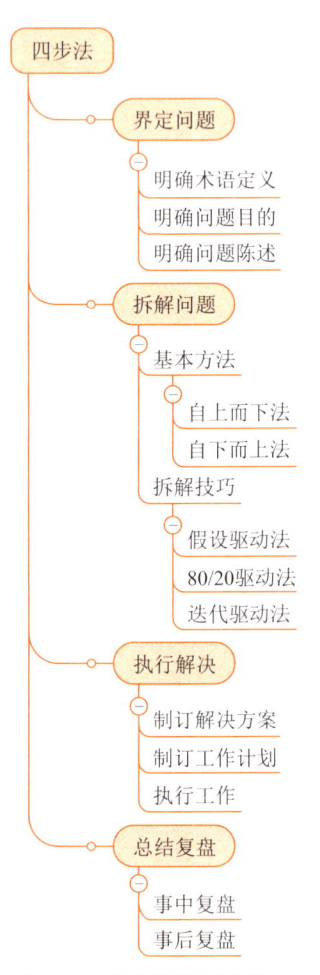

图 3-2　纵向议题树变体 1：纯纵向型议题树

第二个三级议题，以及之下的四级议题等更细分的议题，以此类推。这种议题树没有专门的名词，我们可以称之为"纯纵向型议题树"。不过这种议题树结构看上去比较复杂，因此并不常见。

这种议题树还有一个变体，就是关键议题横向排布，然后再按照纯竖向的顺序依次展开。这种议题树因为比较节约空间，还是有一定的出场率的。

除此以外，以上变体还存在一个特殊的变体，就是去掉所有的框和线，以图形的形式呈现。图 3-3 就是一个典型案例，这个案例是本书所讲四步法的一个缩略版。这种变体一般只适合在 PPT 中呈现简略版的议题树，不太适合呈现过于详细的议题树。

图 3-3　纵向议题树变体 2：缩略版议题树

横向议题树

横向议题树是非常常见的议题树呈现形式。它和纵向议题树的形式几乎完全一致，只是将其逆时针旋转 90 度而已。在纵向议题树中，议题拆解的方向是自上而下，层层分解，而横向议题树的结构则是从左到右层层分解。图 3-4 就是一个典型的横向议题树。

图 3-4　横向议题树

横向议题树与纵向议题树的选择，取决于搭建议题树的空间。简单来说，当你需要搭建和展示议题树时，横向的空间更大还是纵向的空间更大。当纵向空间比较大时，一般使用纵向议题树，反之亦然。

> 比如，在绘制 PPT 时，如果是在比例 16∶9 的 PPT 上画议题树，因为宽度较宽，就比较适合横向议题树；如果是在比例 4∶3 的 PPT 上画议题树，则需要根据议题树的大小来决定。如果议题树分支较多，一般还是选择横向搭建；如果议题树分支较少，一般选择纵向搭建即可。

除了以上这种典型的横向议题树，它也有一种变体，即不用线连起接，而是用色块或者线框框住。图 3-5 和图 3-6 都是非常典型的变体案例。和纵向议题树中的变体一样，这两种变体一般只适合在 PPT 上呈现简略版的议题树，不太适合呈现过于详细的议题树。

界定问题	• 明确术语定义 • 明确问题目的 • 明确问题陈述
拆解问题	• 基本方法 • 拆解技巧
执行解决	• 制订解决方案 • 制订工作计划 • 执行工作
总结复盘	• 事中复盘 • 事后复盘

图 3-5　横向议题树变体 1

界定问题	明确术语定义	明确问题目的	明确问题陈述
拆解问题	基本方法	拆解技巧	
执行解决	制订解决方案	制订工作计划	执行工作
总结复盘	事中复盘	事后复盘	

图 3-6　横向议题树变体 2

辐射型议题树

辐射型议题树是横向议题树的变体。横向议题树一般只能单向延展（一般是从左至右），而辐射型议题树则可以左右延展。这种议题树一般是用思维导图软件绘制的。因为左右对称（图 3-7），所以图形整体比较美观。但需要特别注意的是，因为这种议题树同时向左右两边延展，他人在看议题树时容易看漏，所以在展示时一般不会采用这种形式，更多的是在思考和搭建的前期采用。

图 3-7　辐射型议题树

如果你接触过思维导图，这时你可能会把思维导图和议题树搞混。注意，思维导图从形式上来看和议题树很像，但二者不能画等号。思维导图更加自由，不像议题树有多种规则的限制，或者说，议题树是一种特殊的思维导图，是建立在严谨逻辑、严密规则上的一种特殊的思维导图。

除此以外，思维导图在有些场合指代的是绘制思维导图的工具，比如 Mind Mapping、MindManager，这就更不能和议题树画等号了。

表格型议题树

如果你搭建议题树的工具是 Excel 或者 Word 软件，那么你一定要掌握表格型议题树。

这种议题树的呈现逻辑和纵向议题树中"纯纵向型议题树"的逻辑是一样的，也是按照关键议题—三级议题—四级议题的顺序向下排列，如图 3-8 所示。

#	L1	L2	L3	L4
1	中国潮牌服饰市场分析			
	1.1	中国潮牌市场概况		
		1.1.1	潮牌的定义是什么？	什么样的品牌才算是潮牌？
				潮牌有哪些分类
				有哪些典型的潮牌？
		1.1.2	中国潮牌市场产业链是怎样的？	
		1.1.3	中国潮牌市场特征	行业壁垒和关键成功因素
				市场集中度
				市场风险
	1.2	中国潮牌市场规模与发展趋势		
		1.2.1	2017年中国潮牌市场规模达到多少？	国内对潮牌的需求量有多大？（需求端估算）
				有多少潮牌厂家？每家在中国的销量大约是多少？（需求端估算）
		1.2.2	潮牌市场以后会怎样发展？	潮牌市场有哪些关键驱动因素？
				未来3年市场增长率有多少？
				有哪些关键的发展趋势？
2	竞争者分析			
	2.1	中国潮牌竞争格局		
		2.1.1	主要竞争对手	目前市场有哪些主要潮牌？
				主要商业模式有哪些？
				这些潮牌的主要情况
		2.1.2	竞争格局	主要潮牌厂家在不同的细分市场是如何竞争的
				未来市场中竞争格局会如何变化
3	客户分析			
	3.1	90后消费者分析		
		3.1.1	消费者属性	年龄/家庭/地区/职业
		3.1.2	消费者行为与价值	购买流程/决策因素/购买渠道/频率/消费目的/支付金额/收入/信用度/价值因素

图 3-8　表格型议题树

从图 3-8 可以看到，这种排列方式是先展现一个关键议题，然后将之打开，展现这个关键议题下的第一个三级议题，然后进一步展现四级议题。等到展现到最低级别后，再开始展现该关键议题下第二个三级议题，以及下面四级议题等更细分的议题。等到这个关键议题下所有的细节议题都已经列明，再向下展示第二个议题，以此类推。

图 3-8 就是非常典型的表格型议题树。这类形式比较容易修改和共享，不用受格式限制，因此也是咨询顾问非常偏爱的一种形式。

鱼骨图

鱼骨图由日本管理大师石川馨先生发明，故又名石川图。鱼骨图也是一种特殊的议题树，只是它的使用场合更窄，主要适用于发现问题"根本原因"等场合，因此也被称为因果图。它看上去有些像一条鱼的鱼骨，问题或缺陷（后果）标在"鱼头"处，在鱼骨上长出鱼刺，在鱼刺上列出产生问题的可能原因，有助于展示清楚各个原因之间是如何相互影响的。

因为在本书的第五章"总结复盘"中会对鱼骨图的应用方法做详细介绍，这里就不再赘述了。图 3-9 就是典型的鱼骨图。

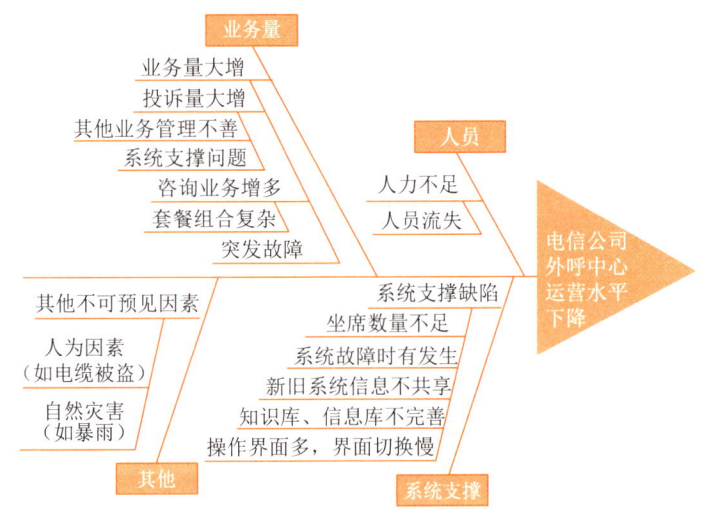

图 3-9　鱼骨图示意 1

议题树的两个基本原则

在介绍拆解议题的方法之前，我还想强调一下议题树的两个基本原则。

MECE 原则

MECE 原则是搭建议题树的首要且核心原则，它是由麦肯锡顾问芭芭拉·明托在 20 世纪 50 年代提出的，并随着《金字塔原理》一书风靡全球。

MECE 的全称为 mutually exclusive collectively exhaustive，中文释义是"相互独立，完全穷尽"，它是由 ME 和 CE 两个部分组成的。

1. ME

ME 原则代表的是不同子问题之间相互独立，没有交集。放到议题树中看，就是各项关键议题之间的内容没有交集或重复，而每个关键议题下面的各层级议题也没有交集或重复。

为什么要强调这一原则呢？试想一下，如果在拆解问题的时候，稍不注意，不同子议题之间不是完全独立，而是有一定交集和重复的，那么在后续解决问题时就会带来工作安排重复、职责有交集的情况。这样，要么会出现两拨人同时做一件事，带来的后果就是人力和资源的浪费；要么会出现两拨人都不去做这一件事，把责任推给对方，而工作却无人认领。如果这是一项非常重要的工作，就会使项目出现漏洞，团队内部出现分歧和不团结，影响整个项目的进展。

假设我们需要对女性人群进行拆分，可以拆分成如下几类：
- 年轻女孩

- 时尚辣妈
- 未成年女性
- 中年妇女
- 老年女性

这里你可以轻易地发现，时尚辣妈有可能是年轻女孩，也有可能是中年妇女，这样的分类就是有重复的。

如果拆分女性人群的目的是做有针对性的营销方案，那么针对时尚辣妈的营销势必会与年轻女孩和中年妇女的营销有重复，造成营销目的不明确，浪费营销资源。而如果时尚辣妈营销、年轻女孩营销和中年妇女营销是三个不同的人负责，那么他们的职责也会出现交叉，造成管理上的混乱。要么会出现这三个人做同一件事，也就是向同一群女性用户做营销，要么会出现三个人把责任互相推诿的情况。无论哪一种情况，对工作的进展都是不利的。

2. CE

CE 原则代表的是全部问题没有遗漏，将问题分解出的各个部分都解决好，即可解决整个问题。

换句话说，解决了一个三级议题，也就是解决了该子议题下面所有的四级议题，就可以解决这个子议题。而解决所有的子议题，就可以解决对应的上一层级议题，也就是关键议题。同理，把所有的关键议题解决好，就可以解决我们的基本问题。

这一点很好理解，如果没有穷尽所有的可能性，出现遗漏，就会导致工作不完整，进而导致工作失败。

3. MECE原则的案例

（1）第一个例子

运动迷、非运动迷、篮球迷这三类人群的分类是否符合MECE原则呢？

很容易我们就可以发现，运动迷和非运动迷包含了所有人群，因此是符合CE原则的，也就是说，没有遗漏。但篮球迷属于运动迷，因此违反了ME原则，即出现了重复的地方。他们之间的关系应该如图3-10所示。通过这个图我们很容易发现，这三类人群符合CE原则（穷尽了所有的选项），而不符合ME原则（有交集）。

（2）第二个例子

大学生、小学生，这样的分类是否符合MECE原则呢？

很显然，这个分类不重复，但没有涵盖所有类型的学生，比如初中生，高中生等。因此虽然符合ME原则，但不符合CE原则。同样，我们把示意图画出来（如图3-11所示），这两类人群符合ME原则（没有交集），不符合CE原则（没有穷尽所有类别）。

1. 运动迷
2. 非运动迷
3. 篮球迷

1. 小学生
2. 大学生

图3-10　MECE原则案例1　　图3-11　MECE原则案例2

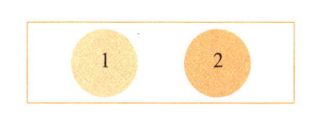

(3) 第三个例子

未婚、已婚、离异、丧偶这四类是不是符合 MECE 原则呢？显然，这四类表现的是婚姻状态，不仅没有重复，还涵盖了所有的婚姻类别，因此符合 MECE 原则。通过图 3-12，我们也可以轻松地理解。

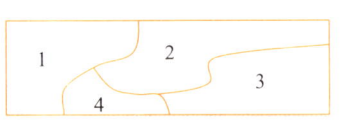

1. 未婚
2. 已婚
3. 离异
4. 丧偶

图 3-12　MECE 原则案例 3

针对 MECE 原则，有一点必须要强调，那就是 MECE 原则是一种思考时使用的，而非表达时使用的逻辑性原则。我常常在网上看到诸如"你这个分类不 MECE""你这段话不 MECE""你这篇文章不 MECE"这样的评论，这是非常错误的。在完成思考后，最终展示成果的环节一般会根据实际情况进行舍弃、重排与合并，往往与最初思考时采用的分类大相径庭。

如果你仔细阅读并思考本书，你就会发现本书虽然大体上遵循了 MECE 原则，但还是有小部分内容是"不 MECE"的，这实际上就是为了表达更清晰而做出的妥协。

同一层面原则

同一层面原则是议题树第二个基本原则。这个原则可以说是 MECE 原则的一个衍生原则，它是我根据 MECE 原则以及自身的经验总结出来的。我在实践中发现，对于初学者来说，虽然 MECE 原则的定义非常好理解，但在实际操作中却难以做到。究其原因，是因为实际问题拆解的逻辑性有可能会非常复杂，而 MECE 原则又高屋建瓴，难以落地。在我翻阅过的所有相关课程和书籍中，这个知识点要么一笔带过，要么完全不提。因此，通过不断挖掘议题树中各层级议题的特点，结合 MECE 原则，我总结出了这条"同一层面原则"。

什么叫"同一层面"呢？实际上，同一层面包含了两个"同一"，即同一维度和同一层次。

1. 同一维度

想要理解这个定义，首先得理解"维度"的含义。

维度在数学、物理学、哲学上都会涉及，各自的含义也不尽相同。这里我们取的是哲学上"维度"的概念，即维度是指人们观察、思考与表述某事物的思维角度。

例如，人们观察与思考"月亮"这个事物，可以从月亮的形态、起源、作用等多个思维角度去描述，而这里的形态、起源、作用就是三个不同的维度。如果从"形态"这一维度去看月亮，那我们看的是月亮的形状、大小、质量、自转公转、发光等信息，换而言之，这些信息都属于"形态"这一维度。

有了维度的定义，"同一维度"就很好理解了。直接地说，同一维度就是指观察、思考与表述某事物的思维角度是相同的。简单来说，使用同一套分类标准，即可认为是同一维度，而这一套分类标准，就是维度本身。在议题树中，同一维度就是要确保同一个议题下面的子议题都在同一层面上。

> 看一个例子。哺乳动物、宠物这两个词虽然都指动物，但哺乳动物的分类依据是动物的基础特性（通过乳腺分泌乳汁来给幼

体哺乳），是一种科学的分类方法；而宠物则是指因个人喜好而豢养的动物，并不是科学的分类方法。因此，这两个词不属于同一维度，因此不能同时出现在议题树中。

除此以外，我相信你也很容易发现这两个概念是有交集的，也就是不符合 ME 原则。像宠物中的猫、狗、仓鼠等都属于哺乳动物，或者反过来说，哺乳动物中的猫、狗、仓鼠都可以当宠物。

通过这个案例，你就能明白同一层面原则是如何辅助 MECE 原则的了。一般情况下，如果议题树中同一个议题下的子议题不在同一维度上（分类标准不一致），就很容易违反 MECE 原则中的 ME 原则，也就是出现交集；并且，这些子议题也几乎不可能符合 CE 原则，因为分类标准不同，就很容易出现遗漏。

2. 同一层次

那么，同一层次又是什么意思呢？

同样，我们先来看一下"层次"的定义。这个概念很好理解，它就是指系统在结构或功能方面的等级秩序。

公司的组织架构就是有层次的，从下到上一般依次是员工、主管、经理、总监、副总裁、CXO（以及各种首席管理职位）。即使是在不同部门，如果两个人都是经理级别，也可以认为他们是在同一层次上的。

之前已经提过，议题树从上到下是有层级关系的，"同一层次"这个原则是建立在前面"同一维度"的基础上，不同议题处在同一个等级上。在这里请注意，为了和议题树中的"层级"，也就是二级议题、三级议题等这些"层级"的概念区分开来，我们不用"层级"或"等级"这样的字眼，而统称其为"层次"。

比如，哺乳纲、昆虫纲都是动物分类学中的概念，这两个物种就处在同一层次上。而鞘翅目、革翅目、双翅目等都是昆虫纲下一层次的，与前面的哺乳纲不在同一个层次上。如果把鞘翅目、革翅目、双翅目和哺乳纲都放在同一层级，虽然它们之间没有交集，但昆虫纲还包括鳞翅目、脉翅目等细分目类，这些就被遗漏了，因此不符合 CE 原则。

和同一维度一样，同一层次也可以辅助 MECE 原则。一般情况下，如果议题树中同一个议题下的子议题在同一维度，但不在同一层次上，会容易导致因列举不全而出现遗漏，不符合 CE 原则。

以上两个"同一"合二为一，成为议题树第二个基本原则——同一层面原则。

3. 同一层面原则的案例
（1）第一个案例

财务、人力资源、销售这三个名词都是工种，因此属于同一维度。在此基础上，这三个名词都是工种的大类，因此是在同一层次上的。同时符合了两个"同一",所以它们符合同一层面原则,可以放在议题树的同一层级。但财务助理、财务总监就不能和人力资源、销售并列,因为财务助理和财务总监都属于账务职能下面的具体岗位,是比人力资源、销售低一个级别的。这个案例的层级关系如图3-13所示。

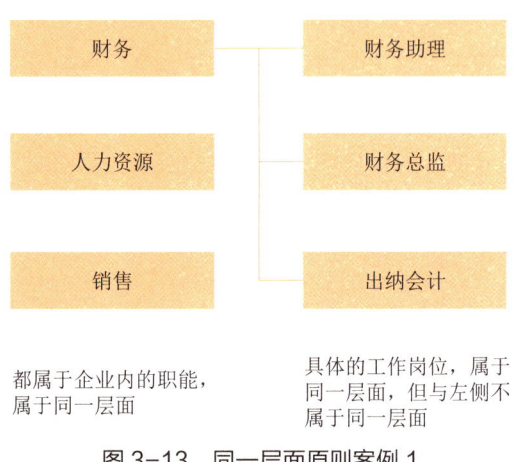

```
┌─────────┐      ┌─────────┐
│  财务   │──┐   │ 财务助理 │
└─────────┘  │   └─────────┘
┌─────────┐  │   ┌─────────┐
│ 人力资源 │──┼───│ 财务总监 │
└─────────┘  │   └─────────┘
┌─────────┐  │   ┌─────────┐
│  销售   │──┘   │ 出纳会计 │
└─────────┘      └─────────┘
```

都属于企业内的职能, 具体的工作岗位,属于
属于同一层面   同一层面,但与左侧不
                      属于同一层面

图3-13 同一层面原则案例1

(2) 第二个案例

互联网、化工业、服装业这三个可以和会计、人力资源、销售放到同一层面吗?显然也是不行的。这三个都属于行业,和工作职能完全是两种不同的类别。每一个行业都需要会计、人力资源和销售等职能,这两组词属于交错关系,如图3-14所示。

```
互联网 ─── 财务

化工业 ─── 人力资源

服装业 ─── 销售
```

都属于行业，属于同一层面

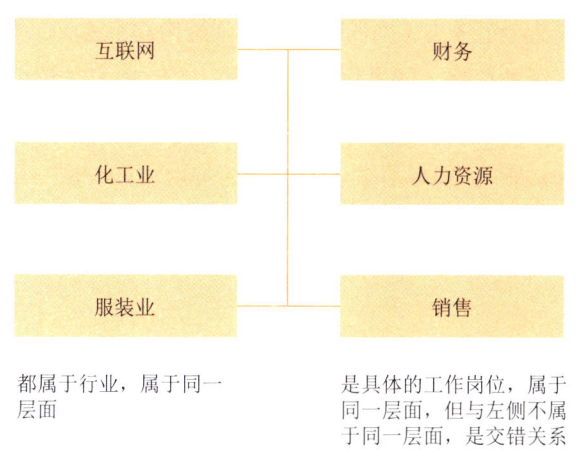

是具体的工作岗位，属于同一层面，但与左侧不属于同一层面，是交错关系

图 3-14　同一层面原则案例 2

议题树与金字塔原理

读到这里，你可能会产生疑问，议题树里强调的 MECE 原则也是金字塔原理中的重要原则，那么议题树与金字塔原理到底有什么关系呢？其实答案很简单。议题树是基于金字塔原理的理论提出来的，议题树在解决问题中的应用也属于金字塔原理三大应用之一。金字塔原理主要应用在两个场合：

第一，思考与解决问题。当思考与解决问题时，你是从目标出发，自上而下或是自下而上搭建议题树的。当议题树完成之时，整个问题的脉络便清晰地展现在你眼前了，之后根据议题树来解决问题就非常容易了。议题树的结构除了像一棵树，也像一座金字塔的形状，最底层是那些细节议题，逐级向上，金字塔的塔尖就是基本问题。

第二，呈现与表达。解决完问题之后，你还需要交流或汇报。这

掌控工作

时候你需要从金字塔尖（问题的答案）开始构建，逐层向下累积的是你的一级一级的论据。如果你在电梯里，只有 30 秒的时间向领导汇报，这时候你就只需要展示出核心论点和一级支撑论据，这就是知名的"电梯法则"。如果后续还有时间，你就可以一层一层向下展示细节，呈现你的工作成果。

搭建议题树的方法一：自下而上法

搭建议题树有两种基本方法，一种是自下而上法，一种是自上而下法。让我们先从更符合一般人思考逻辑的自下而上法开始解析。

你一定看过建造楼房的过程。想要建起一栋摩天大楼，第一步是要打地基。地基承载了大楼全部的重量，因此越高的大楼需要的地基就越深、越大，地基打好了大楼才能稳固。在地基之上，从第一层开始，一层一层向上建造。一般情况下，为了使建筑更加稳定，上面楼层的横截面积往往要小于下面楼层的横截面积，也就是上小下大的笋尖形。我相信你从没见过哪栋高层建筑是上大下小的大头针形状的。一层一层向上建造直到顶层，最终封顶，一座大楼才算基本完成。

自下而上法和盖房子一样，就是从议题树的底层往上搭建（如图3-15所示），也就是从最小一级的议题开始一层一层往上添加。先列出最低层级的细节议题（打地基），再一层一层向上建造（总结归纳），最终指向初始的基本问题（封顶），而且下面层级的议题数一定是大

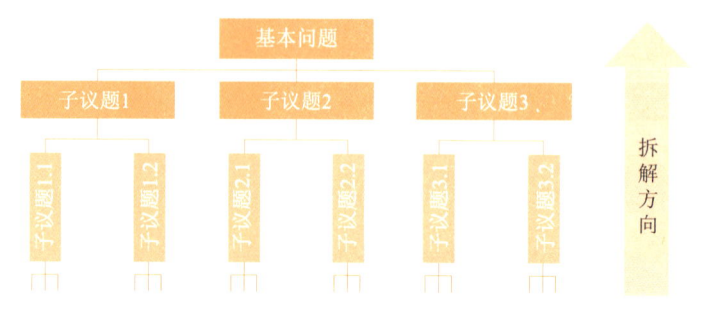

```
                    ┌─────────┐
                    │ 基本问题 │
                    └─────────┘
         ┌──────────────┼──────────────┐
    ┌────────┐     ┌────────┐     ┌────────┐
    │ 子议题1 │     │ 子议题2 │     │ 子议题3 │
    └────────┘     └────────┘     └────────┘
     ┌──┴──┐        ┌──┴──┐        ┌──┴──┐
  ┌────┐┌────┐   ┌────┐┌────┐   ┌────┐┌────┐
  │1.1 ││1.2 │   │2.1 ││2.2 │   │3.1 ││3.2 │
  └────┘└────┘   └────┘└────┘   └────┘└────┘
```

图 3-15　自下而上法拆解方向

于上一层级的。

这个自下而上法一般应用于不熟悉或者特别复杂的问题。试想一下，当你面对一个没有把握的问题时，你不太可能在脑海里搭建出整个议题树的清晰脉络，只能先根据粗浅的理解列出一些散点（从细节议题开始入手），然后一边思考，一边研究，一边补充（总结归纳形成上级议题），直到形成完整的议题树。

> 某次我接到了一个任务，分析一块业务业绩下滑的原因。由于对这块业务并不熟悉，同时也必须运用到我并不擅长的大数据分析技能（几百万条数据），所以我接到这个任务的时候毫无头绪。于是我就使用了自下而上法，先把我能想到的关于这块业务的所有点都列出来，然后逐一去判断它们是否是导致业绩下滑的原因；如果是，那么应该用什么样的数据分析方法去验证。从中筛选出几个关键指标之后，我对这块业务的逻辑就非常清楚了。

想要运用自下而上法，你可以通过三个步骤来完成。

第一步，列出所有你能想到的点。这些零散的点都是解决核心议题的不同方式。

这里，你可以通过自我头脑风暴，也可以集思广益，组织头脑风暴会，激发大家的灵感和想法。这里暂时不用顾虑层级或者 MECE 原则，甚至不一定要一句话的完整议题，只要列出一些单词即可。这一步的目的是列出尽量多的散点，但是必须要保证这些散点对于解决基础问题有帮助。

第二步，将这些散点进行合并和归纳。这一步需要将几个同一层面、同一维度的议题放在一起，再基于 MECE 原则进行修改与补充，最后归纳总结出对应的上一级议题。

这里的归纳总结其实很简单，你只需要找到各个议题之间的共通点就可以了。归纳总结时往往可以从不同的维度提炼。比如猫、狗、乌龟、牛、羊这 5 种动物，你既可以把猫、狗、牛、羊归为哺乳动物，乌龟单独归为爬行动物，也可以把猫、狗、乌龟归为一类（常见宠物），而把牛、羊归为一类（很少被当作宠物）。这时候，你就要根据实际情况进行判断。做到这一步，你手中可能会有几个第二层级和第三层级的议题，以及对应的分支，事实上，它们已经组成了议题树的雏形。

第三步，你需要继续将归纳总结出来的议题再进一步归纳，然后通过 MECE 原则不断把缺失的部分补充完整，并用同一层面原则把议题分布到不同的层级中。在重复了若干次之后，如果所有归纳总结出来的第二层级议题可以完全解决初始问题，并且议题树的各个分支都符合 MECE 原则和同一层面原则，我们就可以认为这是一个完整的议题树了。

接下来，我将会结合案例，详细阐释以上这三个步骤中的难点与重点。

列出尽可能多的散点

在这个第一步，大部分人遇到的最大问题就是想不出那么多点。这时候，你可以用的最好方法莫过于头脑风暴法。

头脑风暴法，又称为脑力激荡法、智力激励法或自由思考法，是一种可以提高群体决策的创造性并提高决策质量的方法。这个方法是美国天联（BBDO）广告公司创始人亚历克斯·奥斯本于 1938 年首创的。它要求参与者围在一起，围绕主题畅所欲言，通过在群体讨论中产生的热情、碰撞出的火花，激发出所有参与者的联想反应和竞争意识，从而获得大量的突破常规的想法。在讨论过程中，无论提出的想法听上去多么错误、荒谬或可笑，其他人都不得打断或批评，所有的想法只能在会后进行分类整理。

头脑风暴会的组织

组织这种会议很简单，你只需要安排好以下事项。

1 个主题：所有讨论都围绕这一主题展开，不要偏题。在完成任务的过程中，头脑风暴会的主题一般就可以定位基础问题（问题陈述）可以从哪些点展开。

1 段时间：一般以 60 分钟为宜。

1 名主持人：负责引导大家发言，控制场面与讨论节奏。

1名记录员：负责记录讨论要点，会后进行整理。如果是内部会议，也可以现场录音，会后记录整理，这样节省人力。

若干参与者：参与这项工作的成员最好都参加，同时也可以找1~3名不参与这项工作但有知识、有经验的"外援"。

头脑风暴会遵循的原则

需要特别注意的是，头脑风暴会绝不是"座谈会""茶话会"，更不是"吵架会""批斗会"，想要让头脑风暴会真正有效果、有意义，所有的讨论都要遵循以下7个原则。

1. 以想法数量为最终目标

头脑风暴会只强制大家提设想，越多越好，以获取想法的数量为首要目标。在会上，不用苛求想法的实际质量。如果限制了质量，很容易让参与者感到压力，不敢提出见解。

2. 禁止批评和评论他人

在头脑风暴会上，对别人提出的任何想法都不能批判、不得阻拦、不能反驳。即使自己认为他人提出的想法是幼稚甚至是错误的，也不能有任何评论。任何思想都需要鼓励，因为你永远都想不到一个看上去荒谬的想法能碰撞、诱导出怎样的火花。

3. 禁止自我批评和自我设限

和上一条一样，在不能批评他人的同时，也不允许自我批评，不要觉得自己的想法不成熟，是错误的，脑海中浮现出的任何想法都应该直接表达出来。而判断这些想法的可行性则是会后的事情。

4. 参会人员一律平等

参与头脑风暴会的人员，无论是该领域的专家还是高层领导，一律与他人保持平等身份，不能用自己的身份对他人施压。即使完全不懂该领域，也不要有压力，要勇于提出自己的想法。这一点是对那些职位高的参与者提出来的。当然，也不能因为自己掌握的知识、拥有的身份或者所谓的"面子"去打压他人，搞"一言堂"，这样也会失去脑力激荡的意义。

5. 畅所欲言，任意思考

头脑风暴会之所以被称为"风暴"，就是因为它提倡自由的、随意的思考与想象，甚至在某些时候，想法越新颖、越奇特越好，因为这类想法可以有效地启发他人，实现思维的碰撞，让"风暴"真正席卷全场。

6. 独立思考

头脑风暴会的全程都不主张私下交谈、"开小会"，因为这样很容易影响、干扰到他人和自己的思路。所有的沟通和交流都应该公开透明，所有的观点都应该基于自己的真实想法。

7. 鼓励补充与引申

虽然不鼓励反驳他人观点，但在会上完全鼓励顺着他人的思路做补充或引申，也可以将多个人的想法综合起来形成新的想法，但前提仍是不要批评或驳斥他人的想法。同时，当你自己没有思路却又非常想为团体做出贡献时，可以先从他人的想法出发，做总结、补充或引申，同时也要用他人的想法启迪自己的想法。

一个人的头脑风暴技巧

当和团队一起工作时，使用头脑风暴会的方法可以帮助你想出各个散点。可如果这项工作仅有你一个人负责，应该通过怎样的方法来想出那么多点子呢？

其实方法一样，你可以拿出一张白纸、一支笔，自己和自己来一场头脑风暴。不过，这场一个人的头脑风暴在执行时还是和头脑风暴会略有区别，你需要一些特别的技巧帮助你打开思路。

1. 查询法

四步法的第一步"界定问题"中，有一个重要的步骤是学习专业术语，查询法技巧也是类似。当你完全没有思路时，你可以借鉴既有资料、访谈专业人士帮助你打开思路。

假设你是公司市场部的工作人员，公司领导最近想建一个微信公众号，准备让你来负责，而你对公众号运营完全不了解，你该怎么办？

首先，你要做的显然是和领导界定清楚这个问题，也就是沟通具体的要求，明确问题的定义。假设最终界定的问题是：在一年内，用尽可能低的成本和尽可能多的手段，给公众号涨粉10万。因为这是你不熟悉的问题，所以搭建议题树显然要使用自下而上法。

首先，你可以在网上查资料，比如通过百度搜索。搜索之后你发现，很多讲涨粉的技巧都提到了"裂变"，而裂变可以通过奖品、红包以及非物质奖励（如资料）来引导用户进行分享转发。得到这些信息后，你就可以把奖品裂变、红包裂变、资料裂变这几个散点写在你的白纸上。

2. 迁移法

在平时的工作和生活中，你一定接触到过非常多的信息和知识，当你缺乏思路的时候，可以从日常生活入手，看是否有进行知识迁移的机会。通过类比的方式，将熟悉领域的知识迁移到不熟悉的领域。

在平时刷微信的时候，你想必看到过这样几种形式。一种是公众号底部、留言上方会出现一条横幅广告，有些广告点进去之后就是"关注××公众号"，这就是涨粉广告，需要付费。还有一种形式是在公众号文章里，或者注明"转载自××公众号"，或者作者直接写上"推荐关注××公众号"，这属于公众号推荐，有的付费，有的免费（比如互推）。这时候，你就可以把涨粉广告、付费推荐、免费互推这几点写下来。

你在刷知乎、微博或者其他 App 的时候，想必也注意到了，有些博主会在图文中注明"欢迎关注我的公众号×××"，或者留下二维码。同理，你就可以把知乎引流、微博引流等写出来。除此以外，你在办公楼下、地铁站里、大街上想必也看过有人摆摊，招呼着"关注公众号送礼物"。

这些点虽然你没有亲手操作过，但都可以把日常生活的经验迁移过来。在生活中，你是一个"粉丝"，也就是被引流的对象，而迁移过来以后，你就成为吸粉的主体——公众号的运营人。

3. 关联法

这个技巧一般应用于前两个技巧之后，也就是基于你已经写出的散点，通过思维关联和发散，找到与现有散点相关的更多点。

在公众号涨粉这个案例中，你已经有了几个点来搭建议题树。比如，在微信内，除了通过公众号推荐，你还可以用自己的微信号发朋友圈，或者转发到群里；再比如，除了知乎和微博，你还可以上小红书、百度贴吧等类似的论坛发帖引流；线下除了摆摊，也可以发传单，这些都是引流方式。

这些点都是靠现有想法进行发散后得到的。通过以上方法，我相信你的白纸上已经写满了各种散点，接下来就要进行归纳合并了。这时候你已经拥有的点包括：

- 奖品裂变，红包裂变，资料裂变
- 涨粉广告，付费推荐，免费互推
- 发朋友圈，转发进群
- 知乎引流，微博引流，贴吧引流，小红书引流
- 线下摆摊，发传单

请你记住公众号涨粉这个案例以及这些散点，后续还会继续提及。我希望能够通过这个贯穿始终的案例，帮助你更好地掌握自下而上法。

如何进行归纳总结

在实践过程中，我发现大部分人在使用自下而上法时最大的障碍并非是列出散点，而是第二步的归纳总结。

归纳总结本质上是将各个子议题的内在特征进行总结概括。这个方法非常简单,就是找出各个散点中最核心的特征,总结出来,然后把核心特征相同的散点合并到一起。

比如,有一个人喜欢去仙本那、大堡礁、巴厘岛、夏威夷、北海道、瑞士、美国犹他州等地方游玩,那么,他为什么喜欢去这几个地方游玩呢?这些地方有什么具有共性的特征呢?

首先我们可以观察,仙本那、大堡礁、巴厘岛、夏威夷都位于热带地区,且都靠海,因此这些地方可以归纳合并为"海边",因此,我们可以知道这个人喜欢去海边进行海上活动,比如潜水、冲浪等。而北海道、瑞士、犹他州这些地方纬度都比较高,气候比较冷,都属于滑雪胜地,因此可以推测这个人除了海上运动外,还喜欢冰雪运动,比如滑雪、滑冰等。我们将仙本那、大堡礁等地理位置中的"靠海"特质提炼出来,将北海道、瑞士等地理位置中的"冰雪"特质提炼出来,就可以总结出"这个人喜欢海边和冰雪",这是一个非常典型的合并概括。归纳合并实际上是一个从具体到抽象的过程,地理名称都是具体的,而"靠海""冰雪"则是这些地方的核心特征。

归纳总结的时候,一定要抽取散点中最核心的本质。这里特别容易犯两个错误。

第一个常见错误是使用关联性或相关性作为归纳合并的依据。这是指我们不能把与散点仅有关联关系或者相关关系的点作为归纳的结果，而必须抽取散点中的本质，这个本质与散点一定是包含和被包含的关系，而关联或相关关系往往不具备包含和被包含的关系。

再用刚才旅游的例子。如果在提炼时采用这样的逻辑：仙本那属于马来西亚，马来西亚旁边有个国家叫新加坡，新加坡总理是李显龙，李显龙的祖籍是中国广东省梅州市……显然这样的提炼就跑偏了，我们的目的是探索这个人喜欢去哪里玩，并不是想知道新加坡总理的祖籍。

如果你觉得这个例子有些极端，那我们再看一个例子：

看到北京大学、清华大学、上海交通大学、中国科学技术大学、浙江大学这几所大学，如果使用关联法，很容易联想到的可能是学生、老师、课本、做实验等词汇，而这些词汇用来概括这些大学显然不合适。正确的做法应该是抽取这几个专有名词最核心的特征——大学，从而把它们归纳在一起。当然，在某些特定场合下，为了满足最终归纳的目的，你也可以把它们归纳为"中国最好的几所大学""教育部直属大学"等。

因此，关联性与归纳总结并无关系，它只是对散点的发散性联想而已。在实际归纳总结时，切记不要使用关联和联想，而要找到包含关系，抽取符合要求的核心特质。

第二个容易犯的错误是把部分因素作为归纳的结果，导致"一叶障目,不见泰山"。当我们在努力探索散点的核心本质时,很容易被其中的某一个点吸引,把这个点当作核心本质,殊不知这个点看似是核心,实际上只是无关紧要的因素,从而忽略了真正的核心本质。

来看看大学那个例子。仔细观察和研究我们可以发现,这几所大学占地面积都非常大,那能不能把"占地面积大"作为特质抽取出来呢?显然这样做是不对的,这就等于犯了一叶障目的错误。虽然"大"是这几所大学的特征,但科技园、工业园等同样占地面积很大,难道我们要把科技园、工业园与大学归为一类吗?

抽取部分因素虽然比关联联想看上去高级一些,但还是一种错误的方法。光是抽取出部分的因素,并不算归纳总结。

1938年,威廉·休利特与戴维·帕卡德在加州帕罗奥多市爱迪生大街的一间车库里创立了惠普,后来它成为世界上最大的个人计算机公司。

1971年,史蒂夫·乔布斯和史蒂夫·沃兹尼亚克在乔布斯家的车库里创立了苹果公司,苹果曾一度成为市值最高的公司。

1994年,杰夫·贝佐斯在自己家的车库里成立的亚马逊公司,现已成为全球最大的电商公司,而杰夫·贝佐斯一度问鼎全球首富。

1998年,拉里·佩奇和谢尔盖·布林在一间租来的车库里创立了谷歌公司,谷歌现已成为全球规模最大的搜索引擎公司与最知名的互联网公司。

根据以上4则小故事可以得出结论：想要创业成功，必须得在车库里。

显然这个结论是个笑话，而这个笑话犯的就是"抽取部分因素"的错误。这里错把"车库"作为核心本质，而忽略了这些创始人深厚的技术背景、积极探索的精神以及抓住时代大潮的运气等核心因素。

归纳总结时，我们需要做的是抽取核心本质，而核心本质的概念应该是高于散点的。成功的归纳总结，必须把具体包含在抽象里。换句话说，我们应该确保归纳总结出的点（抽象）应该包含散点（具体），而不是将抽象包含在具体中。

在归纳总结时，最常使用的方法就是分类法。这种方法使用起来很简单，就是先观察所有散点分别属于哪些大类，然后再观察各散点所属的大类是否有相同的地方。

一般情况下，一个散点往往可以从多个不同的角度分类，你要做的就是把这些分类在脑海里全部梳理一遍，然后找出共同点。

还是大学那个例子。

北京大学所属分类包括：在北京的大学，985大学，全国排名前10的名校，综合型大学，教育部直属大学。

清华大学所属分类包括：在北京的大学，985大学，全国排名前10的名校，综合型大学，教育部直属大学。

上海交通大学所属分类包括：在上海的大学，985大学，全国排名前 10 的名校，综合型大学，教育部直属大学。

中国科学技术大学：在安徽的大学，985 大学，全国排名前 10 的名校，综合型大学，偏理工科，教育部直属大学。

浙江大学：在浙江的大学，985 大学，全国排名前 10 的名校，综合型大学，偏理工科，教育部直属大学。

现在我们就可以找到共同点，即 985 大学，名校，综合型大学，教育部直属大学等。

但这种方法有一个难点，那就是各个子议题本身可能有多个共性，到底应该选择哪一个或者哪几个共性进行归纳呢？其实诀窍只有 8 个字：回归本源，多次尝试。

回归本源，就是指要回到最初需要解决的问题上，以初始问题为准绳，判断应该使用哪一个分类方式。但有时会出现多种分类看上去都符合基本问题的情况，这时候就要把不同的分类都代入议题树进行"演算"，从而判断哪一种方式最符合要求。

这个过程肯定不会一帆风顺，在实际搭建议题树的时候，往往要经过多次尝试和反复，才能得到最准确、最优化的结果。有时甚至议题树已经搭建完成，但因为发现了一个更好的归纳方式，就会把议题树推倒重搭。

在刚才大学的案例中，面对多个不同的分类，我们只需要根据实际任务要求选取对应的归纳方式即可。如果任务要求是梳理国内大学的等级，那你可以用"985"或"全国排名前 10"这两个分类，因为这两个分类都代表了等级这个任务要求。

如果任务目标是梳理国内大学的学科设置，这时候对这些大学的分类概括则应该从"综合型大学"入手。与之相对应的是，国内还有一些专业型大学，比如财经类院校、电力类院校等。

通过归纳总结得到散点的上一个层级之后，你就可以继续用这个方法，逐层向上归纳总结，方法一样。

在归纳总结的过程中需要注意，不能归纳得太粗略、太抽象。

比如，你和你的领导说："我被邻居饲养的哺乳动物攻击，需要进行医学处理，因此请假半天。"这就让人很难理解。虽然这样的概括本身没有错，但"哺乳动物""攻击""医学处理"这些词还是过于概括、过于抽象了。如果你改成"我被邻居家的狗咬了，需要接种狂犬疫苗，因此请假半天"，虽然狗属于"哺乳动物"，咬属于"攻击"行为，打疫苗属于"医学处理"，但这就让人好理解多了。

搭建议题树也是一样。我们在归纳总结的时候，不要妄图一步到位，这样很容易出现归纳方向不对的情况。这时候我们应该逐层逐级往上归纳，不要跳跃步骤，同时在过程中也时刻注意要符合初始任务。

再来看刚刚旅游那个例子。我们把各个旅游目的地的所属国家和分类列出来是这样的：

- 仙本那—马来西亚—外国
- 大堡礁—澳大利亚—外国
- 巴厘岛—印度尼西亚—外国
- 夏威夷—美国—外国
- 北海道—日本—外国
- 犹他州—美国—外国
- 瑞士—外国

通过观察我们很容易发现，以上所有地点没有一个在中国境内，那么我们是否能直接下结论：这个人喜欢去国外旅游呢？显然这是不对的。这里我们就是因为跳跃步骤，而忽略了这些旅游地的其他特质。并不是说"国家—外国"这样的分类不对，只是因为这样的分类不符合我们的初始任务。如果直接跳跃步骤，很容易让我们偏离基础问题规定的方向。

和上面的道理一样，在归纳总结时也不能过于纠结细节，如果概括得不够抽象，就很容易和散点本身没区别，也就失去了归纳总结的意义。

这里我们以公众号涨粉为例。

之前我们总结了你现有的散点：

- 奖品裂变，红包裂变，资料裂变
- 涨粉广告，付费推荐，免费互推
- 发朋友圈，转发进群

03 第二步：拆解问题

- 知乎引流，微博引流，贴吧引流，小红书引流
- 摆摊，发传单

我们应该如何进行归纳总结呢？

首先通过观察，你可能会发现涨粉广告、发朋友圈、知乎引流这些都属于线上手段，而摆摊、发传单等属于线下手段（见图3-16），那是不是就可以直接分成"线上"和"线下"呢？

线上：
- 资料裂变
- 红包裂变
- 奖品裂变
- 免费互推
- 付费推荐
- 发朋友圈
- 转发进群
- 微博引流
- 知乎引流
- 贴吧引流
- 小红书引流
- 微信涨粉广告

线下：
- 摆摊
- 发传单

图3-16 总结归纳的公众号涨粉案例1

这样的归纳总结显然是不行的，因为它犯了"概括太高"这个错误，即"线上"和"线下"的归纳跳跃步骤，太偷懒了。正确的分类方式应该是逐层往上，先总结出一个小类，再总结出大类。在"线上""线下"与这些散点之间，应该还包括几个层级的小类，才是正确的做法。

首先，所有的裂变手段本身就可以分到同一个小类中，即奖品裂变、红包裂变、资料裂变可以归纳总结为"引导裂变"。

利用其他公众号推荐的则可以分成一类，付费推荐、免费互推可以归纳总结为"公众号合作引流"。

转发进群、发朋友圈则可归入"自行宣传"。

通过微博、知乎、贴吧等引流都是在微信体系外的引流方式，可以归纳总结为"微信站外引流"。

而微信涨粉广告则自成一派，可以暂时不用归纳。

以上这些引导裂变、公众号合作引流、自行宣传、微信站外引流、微信涨粉广告小类才可以进一步归纳总结为"线上"这个大类。

同理，发传单、摆摊等都属于地推手段，因此都归纳总结为"地面推广"后，再将这个小类放入"线下"这个大类中。

到这一步，你就有议题树的雏形了：你有两个大类（分别是"线上"和"线下"）以及若干个小类（分别是引导裂变、公众号合作引流、地面推广等）。见图3-17。

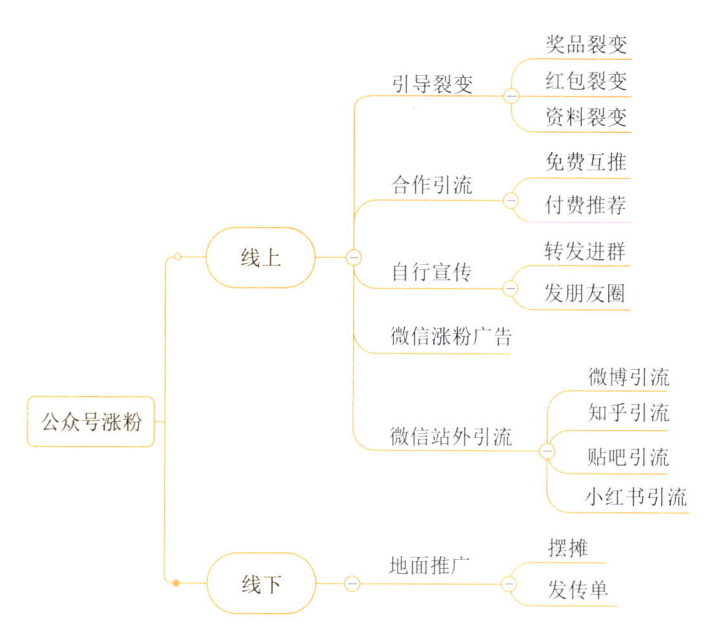

```
                          ┌── 奖品裂变
                ┌── 引导裂变 ── 红包裂变
                │         └── 资料裂变
                │
                │         ┌── 免费互推
                ├── 合作引流 ──
                │         └── 付费推荐
        ┌── 线上 ──┤
        │       │         ┌── 转发进群
        │       ├── 自行宣传 ──
        │       │         └── 发朋友圈
        │       │
        │       ├── 微信涨粉广告
公众号涨粉 ──┤       │
        │       │             ┌── 微博引流
        │       │             ├── 知乎引流
        │       └── 微信站外引流 ──┤
        │                     ├── 贴吧引流
        │                     └── 小红书引流
        │
        │                     ┌── 摆摊
        └── 线下 ── 地面推广 ──┤
                              └── 发传单
```

图 3-17 总结归纳的公众号涨粉案例 2

如何利用 MECE 原则和同一层面原则

做完以上两步，你就可以得到议题树的一个基本雏形了，但还需要进行一些修改，这时候就充分使用到 MECE 原则和同一层面原则了。

一般情况下我们会先使用同一层面原则，因为这个原则是 MECE 原则的基础和先决条件。只有保证各议题都在同一个维度，且同一层级的议题都在同一个层次和同一个维度上，MECE 原则才能真正实现。

使用同一层面原则时，我们一般使用的是观察法。首先观察各议题是不是在同一维度，即使用的是否是同一套分类方法，然后再观察同一层级的议题是否都在同一维度上。

如果各议题不在同一个维度上，需要以其中一个分类方法为基准，将其他议题转化到同一维度上。假如出现无法转化到同一维度的情况，那么就需要提出一个可以囊括所有议题的新的分类方式，然后将所有议题都转化进来。不管使用哪一种分类方式，都有一个前提——以基础问题为出发点。

> 比如，猫、狗、牛、羊、蜥蜴、蜘蛛这几个词，如果把猫、狗、蜥蜴、蜘蛛归入宠物类，牛、羊归入哺乳动物，这就是典型的不在同一维度上。正确的做法是要看基础问题。如果基础问题是要对动物进行生物学上的分类，那么猫、狗、牛、羊都是哺乳动物，蜥蜴是爬行动物，蜘蛛属于节肢动物。
>
> 如果基础问题是要对动物的用途分类，那么猫、狗、蜥蜴、蜘蛛可以归入宠物类，牛、羊属于畜类。不过这里还要注意的是，在某些情况下，牛、羊也可能作为宠物饲养，而蜥蜴、蜘蛛可能也有一定的经济价值（如入药），因此在对这些名词归类的时候还需要再进行定义，比如"宠物狗""宠物猫"等。

如果同一层级的议题不在同一层次上，则需要靠升级和降级来将议题维持在同一层次。有些议题本身比较细分，需要许多较低层级，这时候就需要额外总结归纳出一个高层级的议题，将这些议题涵盖进去，相当于给这些议题戴一顶"高帽子"；而有些议题本身比较高，则需要将之放到对应层级去，相当于给这些议题做一个"提拔"。

再回顾一下公众号涨粉的例子（见图 3-17），这个议题树是否符合同一层面原则呢？

首先可以确定的是，所有的议题都是引流手段，并且是细分的引流手段，且在同一维度下。

其次看这些议题是否出在同一层次上。很容易我们可以发现，第三层级"微信站外引流"的层级是要高于"引导裂变""合作引流""微信涨粉广告""自行宣传"的，而"微信站外引流"这一项又没办法"提拔"，只能将这四个降级。而与"微信站外"相对应的显然是"微信站内"，因此给这四项戴的"帽子"就是"微信站内引流"，如图 3-18 所示。

```
线上 ─┬─ 微信站内引流 ─┬─ 引导裂变 ─┬─ 奖品裂变
      │                │            ├─ 红包裂变
      │                │            └─ 资料裂变
      │                ├─ 合作引流 ─┬─ 免费互推
      │                │            └─ 付费推荐
      │                ├─ 自行宣传 ─┬─ 转发进群
      │                │            └─ 发朋友圈
      │                └─ 微信涨粉广告
      └─ 微信站外引流 ─┬─ 微博引流
                       ├─ 知乎引流
                       ├─ 贴吧引流
                       └─ 小红书引流
```

图 3-18　MECE 原则和同一层面原则共同作用的公众号涨粉案例 1

但这样又会产生一个新的问题，即在第四层级中，"微博引流""知乎引流"等都属于具体的引流动作，而"引导裂变""合作引流"这些议题的层次显然是要高于这些具体动作的，因此又要对微博、知乎引流等进行降级。这里有很多种分类方式，比如微博属于社交媒体，而知乎、贴吧、小红书都有一定论坛性质，因此可以给它们分别戴上"社交媒体引流"和"论坛引流"的"帽子"。如果这样分类你就会发现，"社交媒体引流""论坛引流"这样的分类和"引导裂变""合作引流"不在同一维度上，因此最好不要这样做。比较好的做法是戴上"外部发帖引流"的"帽子"，这样就处在同一维度了，如图3-19所示。

图3-19　MECE原则和同一层面原则共同作用的公众号涨粉案例2

同样，"地面推广"中的"摆摊""发传单"等还可以进一步细化成"在××地点摆摊""在××地点发传单"等。你可以自己尝试，这里就不做展开了。

确保议题在同一层面之后，我们再使用 MECE 原则，确保它们相互之间没有交集或遗漏。因为有了之前的基础，已经对议题进行了分类，这一步可以同样使用观察法，即观察各级议题在分类上是否有遗漏，以及议题之间是否有交集或重复。特别是你可以观察议题树结构相近的部分，相互印证，看是否有重复或遗漏。

除此以外，再向你介绍一个非常实用的小技巧，叫作"其他"。当类目数量较多，无法完全列出时，就可以加一项"其他"，以确保完全穷尽（CE 原则）。

以公众号涨粉为例。现在这个议题树是否符合 MECE 原则呢（见图 3-19）？首先，微信站内和站外引流显然是符合 MECE 原则的，并且也在同一维度上。引导裂变、合作引流和微信涨粉广告属于三大类不同的手段，符合 MECE 原则，也是在同一维度上的。

但是，"微信站内引流"和"微信站外引流"属于结构相近的两部分，但这两部分明显是有一定差异的。站外引流是没有裂变和广告的。但实际操作中，站外引流同样可以进行裂变与投放广告，因此我们需要补充。除此以外，站外引流也可以加入"其他网站、App 发帖引流"，确保完整性。

同样，线下也可以在类似快递柜、自动售货机、楼宇电视等设施上投放广告为公众号引流。当然，线下广告实际上还可以再拆分，比如社区广告、写字楼广告等，这里就不再详细说了。而在地面推广中，为了保证符合MECE原则，可以加上"其他地推手段"一项。

将这些议题整合进去后，我们就可以得到一个比较完整的议题树了，如图3-20所示。

```
公众号涨粉
├─ 线上
│  ├─ 微信站内引流
│  │  ├─ 引导裂变
│  │  │  ├─ 奖品裂变
│  │  │  ├─ 红包裂变
│  │  │  └─ 资料裂变
│  │  ├─ 合作引流
│  │  │  ├─ 免费互推
│  │  │  └─ 付费推荐
│  │  ├─ 自行宣传
│  │  │  ├─ 转发进群
│  │  │  └─ 发朋友圈
│  │  └─ 微信涨粉广告
│  └─ 微信站外引流
│     ├─ 外部发帖引流
│     │  ├─ 微博引流
│     │  ├─ 小红书引流
│     │  ├─ 知乎引流
│     │  ├─ 贴吧引流
│     │  └─ 其他网站、App发帖引流
│     ├─ 站外引导裂变
│     └─ 站外投放广告
└─ 线下
   ├─ 地面推广
   │  ├─ 摆摊
   │  ├─ 发传单
   │  └─ 其他地推手段
   └─ 线下投放广告
```

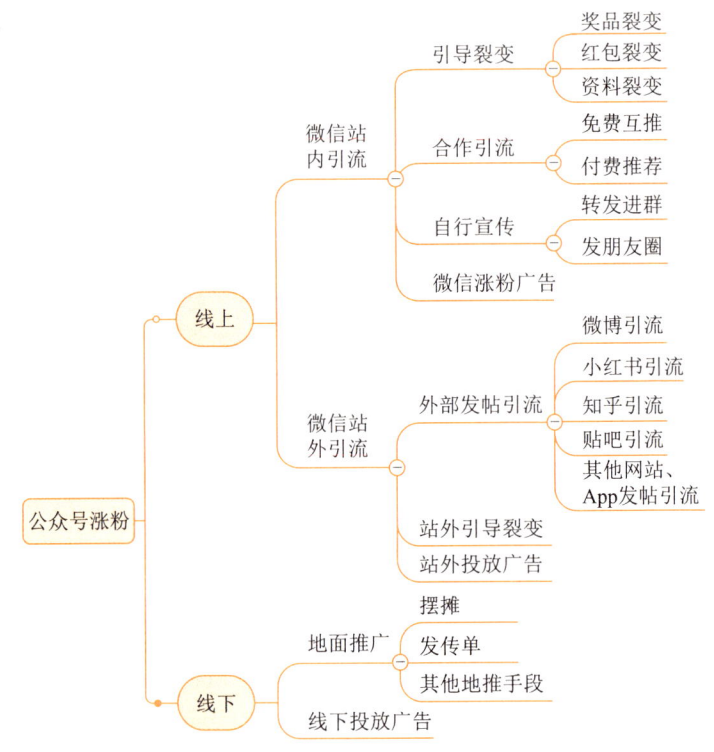

图3-20 MECE原则和同一层面原则共同作用的公众号涨粉案例3

03 第二步：拆解问题

运用 MECE 和同一层面两大原则完善议题树，往往不是一蹴而就的，而是需要多次反复的运用。有时，在用完两大原则之后，可能又会产生新的"不 MECE"或"不在同一层面"的问题，这时候就需要再次优化，直到议题树完全符合这两个原则为止。

搭建议题树的方法二：自上而下法

自上而下法是拆解议题树的另一个基本方法。与自下而上法正好相反，自上而下法就是从上到下进行层层分解。

> 在绘画中，构图是优秀绘画的基础。无论是油画还是国画，最开始的构图都至关重要。以国画中的山水画为例，构图又被称为布局或章法，是创作中不可或缺的环节，因为构图的成功与否直接关系到一幅山水画的质量。构图一定要与画面立意相结合，换句话说，构图必须与画卷想要展现出来的内容一致，不能产生矛盾。山水画构图要考虑画面各内容之间的宾与主、远与近、虚与实、疏与密、聚与散、开与合、藏与露、黑与白、大与小等关系。好的构图可以使画卷主题鲜明、内容突出，同时也可以帮助画家在绘画过程中面对各种各样复杂的景物、事物和任务时找到头绪，理出脉络，分清主次，使绘画过程更加顺利，使画面充满韵律和回味。

自上而下法就像绘画一样，先定主干，确定议题树的结构（好比绘画中的构图），也就是先列出那些高层级的关键议题；然后逐步填入细节（好比正式开始动笔绘画），也就是补充那些子议题和细节议题（如图 3-21 所示）。

自上而下法也要经历三个步骤。

第一步，列出议题树的主干，一般列出比较完整的第二层级议题即可。

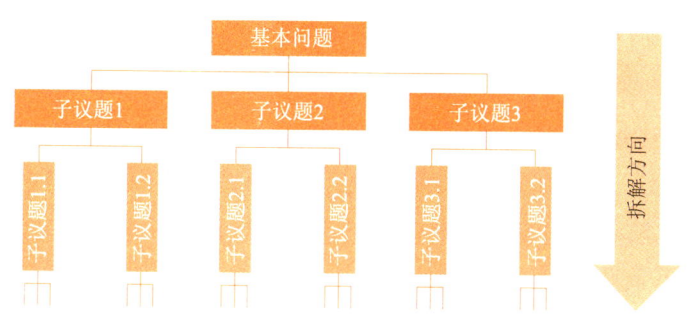

图 3-21　自上而下法拆解方向

在这一步中，你可以依靠经验，即如果之前做过类似的工作，你就可以把之前搭建的议题树或者之前的工作思路照搬过来；如果你没有类似的经验，也可以通过一些既有的计算公式和分析框架来帮助你搭建议题树。除此以外，你也可以利用并列关系、步骤顺序等逻辑结构帮助你确定议题树的主干。

第二步，基于关键议题，进一步细化、补充主干的问题。

基于第一步，这一步继续补充三级议题和四级议题。补充的依据同样是经验、计算公式、分析框架和逻辑结构。一般情况下，无论是经验、计算公式、分析框架还是逻辑结构，都可以进一步细化和拆解。

在这一步，你只需按照这个逻辑进行进一步拆解即可。

第三步，不断通过 MECE 原则把缺失的部分补充完整，并用同一层面原则把议题分布到不同的层级中去。这一步和自下而上法的第三步一样，都是用这两大原则补充和完善议题树。之所以无法完全依赖经验、框架等既有内容，是因为每一个不同的问题都有其特殊性，不能生搬硬套，要根据实际情况进行修改。

因为自上而下法一开始就需要确定问题的基础脉络，因此这个方法的前提必须是要对基础问题所涉及的领域比较熟悉，或者有现成的方法可以解决，比如前面提到的经验、计算公式、分析框架和逻辑结构。

那么，采用自上而下法拆解时，到底要拆解到什么地步？答案很简单。议题树是帮你剖析问题的，所以拆解到细节议题对你而言一目了然时，就不需要再进行拆解了。换而言之，当你从上向下拆解议题时，只要你还对议题有疑问，就必须进一步拆解，即使已经拆到了第五甚至第六个层级。我拆解过最少的议题树只有四个层级，因为那项工作我非常熟悉，而针对我不熟悉的工作，我最多拆解到过第八层。

如何搭建主干并将内容细化

前面已经提到，搭建主干的方法主要有 4 种：直接经验、计算公式、分析框架和逻辑结构。接下来，我将结合案例详细讲一讲如何应用这些方法搭建主干，完善细节，形成最终的议题树。

直接经验

直接经验是在使用自上而下法时最常见也最顺手的方法。当你对某个问题非常了解，处理过很多类似的问题时，你就自然而然知道解决问题的思路，知道如何将一个大问题拆解成小议题。如果你之前搭建过类似的议题树，那么在这一次甚至只需照搬之前的议题树即可。

以公众号涨粉的案例来说，如果你不是"菜鸟"，而是一个经验丰富的公众号运营人员，你一定非常迅速地就可以反应过来，获取粉丝的方法主要包括免费推广、付费推荐和引导裂变三种方式，由此你就可以建立议题树的主干（如图3-22所示）。

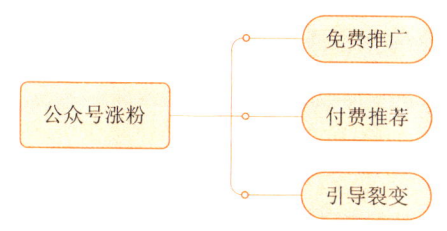

图3-22 直接经验的公众号涨粉案例1

有了主干之后，再根据经验，沿着几个关键议题进行细分。

免费推广最典型的可以分为线上引流和线下推广两类。在线上引流中，最典型的包括：和其他公众号合作，免费互推；自己转发进群或微信朋友圈；在知乎、微博、贴吧、豆瓣等网站发帖，为公众号引流。显然，前两个属于微信站内推广，而最后一个则是微信站外的推广。

再来看线下推广。线下推广的免费手段，最典型的就是免费地面推广，即靠人力发传单、摆摊等。这样，免费推广部分的细节就基本填充完毕了。

接下来就是付费推荐。付费推荐的结构实际上和免费推广类似，同样分成线上和线下部分。线上部分可以分为微信站内推荐和微信站外推荐。微信站内的付费推荐，主要是付费推荐和涨粉广告了。而微信站外推荐则以站外投放广告为主。线下的付费推荐则以线下投放广告为主。

最后一部分是引导裂变，它可以分为资料裂变、红包裂变和奖品裂变。

由此，我们就得到了图 3-23 所示的基本议题树。

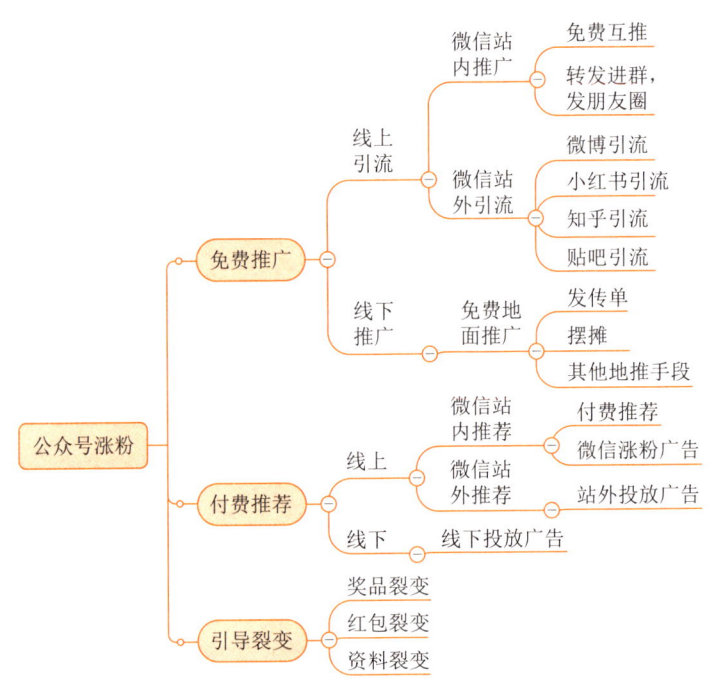

图 3-23　直接经验的公众号涨粉案例 2

有了这样的议题树做基础，接下来就可以用 MECE 原则和同一层面原则进行优化修改了。

首先，你可以发现，"裂变""免费""付费"不在同一层面上。裂变是一种手段，既有免费的裂变，也有付费的裂变，因此，引导裂变与其他两个关键议题不是同一维度，要把奖品裂变、红包裂变这两种需要成本的手段放入付费推荐的线上引流部分，而把资料裂变这种不需要成本的手段放入免费推广的线上引流部分。另外要注意的是，这里的裂变既可以在微信站内完成，也可以在站外完成，因此免费推广和付费推荐这两个部分同样需要补充裂变这一内容。

但是，你又会发现，站外裂变和站外引流似乎也有些奇怪，因为站外引流实际上包括了站外裂变，这时需要对"站外引流"重新定义，即改成"站外发帖引流"，这样就可以确保它们在同一层面了，而且还要加一个"站外引流"的层级，确保和"站内引流"在同一层面上。

议题树剩下的部分也可以用这两大原则进行修改，我在"自下而上法"的案例中已经详细讲过了，二者大同小异，这里就不再赘述了。

对比之前的案例你可以发现，自下而上法和自上而下法拆解出来的两个议题树，虽然看上去大结构有所差异，但最底层是非常接近的，也都符合 MECE 原则和同一层面原则。二者没有对错和优劣之分，只是两个方法的思路不同，拆解结果也会大同小异。因此，自上而下法和自上而下法虽然方式手段不同，但最终殊途同归。

另外还需要强调的是，直接经验固然非常好用，但千万别一味对经验产生依赖。经验随着时间的推移、事物的发展可能会过时。而且，很多时候你面对的新问题并不一定和你解决过的老问题完全一样，这时候如果单纯地套经验，难免会产生疏漏。所以，即使是运用经验，也要仔细地用议题树拆解一遍，确保符合基础问题。

直接经验还有一个最明显的局限性，就是一个人的经验总是有限的。《庄子·养生主》云："吾生也有涯，而知也无涯。以有涯随无涯，殆已。"意思就是以有限的生命去追求无限的知识，是非常不现实的。同样，我们不可能把所有行业、所有领域、所有类型的事情都做一遍去获得经验，这时，我们就可以利用其他三种方法来帮助我们搭建议题树。

计算公式

除了直接经验以外，利用已有的公式也是自上而下法中常用的手段。这里的"公式"不是指复杂的数学公式，比如泰勒公式、傅立叶变换公式等，而是指一些生活、工作常见场景中蕴含的简单的数学关系。这些公式只需要运用到简单的加、减、乘、除就可以了。

在拆解议题树的过程中，首先用这些公式的核心部分搭建关键议题，其次再对公式中的要素进行进一步拆解，形成下一级的议题，直到拆到元素不可再拆，或者拆到该元素可以有效解决问题即可。

在拆解议题树的过程中，常见常用的公式包括如下几个。

$$销售额 = 销售量 \times 单价$$

这是在研究企业经营问题时最常用的一个公式。在运用这个公式时，销售量和单价可以直接作为关键议题放在议题树中。作为两个核心要素，销售量和单价可以进一步拆解。

不过，在拆解这两个关键议题时，你会发现有多种拆解方法。

比如，销售量可以按照地域划分成华东地区销售量、华南地区销售量、华北地区销售量等；可以按照城市级别划分成一线城市销售量、二线城市销售量、三线及以下城市销售量；还可以分成国内销售量和国外销售量。

销售量还可以按照产品来拆解，即可以按照产品线来分，也可以按照单个产品来分，还可以按照产品的档次分成高端产品销售量、中端产品销售量和低端产品销售量。

在有些公司中，销售量还可以根据组织架构来划分，比如按照事业部、分公司等维度进行拆解。除此以外，还可以按销售渠道划分、按新老客户划分等，这里就不一一列举了。

同样，价格也可以根据销售量划分的不同，分别去拆解对应的单价。

这时候，就要根据实际要分析的问题来决定拆解的方向。如果分析的是各部门的业绩情况，那无疑是按照组织架构来拆分；如果分析的是各产品的情况，则显然是按照产品线或者单个产品来拆分了。

利润 = 销售额 - 总成本

这也是商业分析中常见的公式。这个公式和"销售额 = 销售量 × 单价"一样，也可以对销售额和总成本按照多重方式进行拆解，而拆解维度也可以按照产品、地域、组织架构、渠道等方法进行拆分。

这个公式还可以从财务的角度进行拆分。如果计算的是毛利润，那么拆分时只需要考虑进货价和出货价，不需要考虑其他因素。如果计算的是净利润，则需要把管理费用、销售费用、财务费用、税费等都加上。如果拆解的是生产销售型企业，在考虑成本时还可以从固定成本（厂房机器折旧、租金、管理人员工资等）和变动成本（原材料消耗、水电费、工人计件工资等）的角度去计算。

除此以外，这个公式还有一些变体。比如把销售额直接展开成销售量和单价，成为：

$$利润 = 销售量 \times 单价 - 总成本$$

或者变成：

$$利润 = 销售量 \times （单价 - 单位成本）$$

同样，我们也要根据实际情况去选择对应的拆解方法，不能直接硬套。

以上两个公式适用于各行各业的议题树拆解，下面我再介绍一些互联网行业的常见公式。

第一，电商领域。电商领域中最核心的指标就是GMV，也就是电商平台的总交易额。比如，2019年天猫"双十一"GMV超过2 600亿元。GMV的拆解公式为：

$$GMV = 用户数 \times 转化率 \times 客单价$$

"用户数"指的是有多少人进入该电商平台浏览商品。

"转化率"指的是有多少人在浏览商品后下单购买。

"客单价"指的是平均每个下单客户购买的总金额。

同样,这几个要素都可以从不同维度进行拆解。比如,用户数可以按照用户的性别、年龄、地域、等级等多种维度拆解,对应分析的就是性别、年龄层次、所在城市、所在区域等不同维度的客户之间的差异。

转化率可以进一步拆解,比如看哪些用户只是浏览没有购买,哪些用户收藏或者加入购物车但没有购买,这些维度都可以进行拆解分析。

客单价首先可以拆分成"平均订单数量"和"平均订单金额",然后还可以对订单商品类型、订单商品数量、单位订单金额等不同维度进行拆解。

第二,互联网广告领域。广告领域最核心的指标就是广告收入,专业术语为"广告消耗"。某个 App 的广告收入拆解公式为:

广告收入 =DAU× 人均广告浏览量 ×CPM(千次广告展示价格)/1 000

DAU 是该 App 每天的活跃用户数,可以按照用户的性别、年龄、地域、等级等多种维度拆解,对应分析的就是性别、年龄层次、所在城市、所在区域等不同维度的客户之间的差异。

"人均广告浏览量"指的是每个用户平均每天看多少条广告。这个因素的拆解非常多样化,首先可以按照广告位置进行拆解。以视频 App 为例,主要广告位就包括开屏广告(打开 App 直接弹出的全屏广告）、视频前贴片广告（视频开始前播放的视频广告）和暂停广告（视频暂停时出现的广告）等。其次，分别计算每个用户平均每天浏览以上广告位各多少次。

如果是信息流广告，比如今日头条、腾讯新闻等在浏览新闻过程中出现的广告，则可以拆解为：

$$人均广告浏览量 = 人均信息流列表浏览量 \times 广告加载率$$

首先计算每个人每天浏览了多少条资讯，即人均信息流列表浏览量，其次计算这些资讯中平均每多少条出现一条广告，即广告加载率。

CPM 的拆解方式则更加多种多样。比如可以按照 CPC（单个点击成本）和 CTR（点击转化率）进行拆解，这里就不再赘述了。

下面一起来看一个生活中运用公式的案例。

网上有传言说卖煎饼的大妈月收入 3 万元，甚至有白领说要转行去摆煎饼摊，是否靠谱呢？你可以尝试利用议题树验证这一数据的真伪，再来考虑转行的事。

我们都知道，利润等于销售额减去总成本，那销售额和总成本就是议题树的主干，也就是关键议题（如图 3-24 所示）：

图 3-24　计算公式中卖煎饼月收入案例 1

03 第二步：拆解问题

我们首先把销售额进行拆解，即销售额＝客单价×客户数。这里需要注意的是，一套标准的煎饼5元，但有些顾客会加鸡蛋、鸡排等，会提高客单价，因此我们可以把客户分成两类，一类是标准产品客户，一类是定制产品客户。

你还可以从日均销售额开始预估，乘以30天就是每月的销售额。因为没有确切数据，只能预估，即每天100个顾客买标准版，50个顾客买定制版（如图3-25所示），从而算出月销售额为24 750元。当然，这里为了简化计算，没有考虑周末的情况。

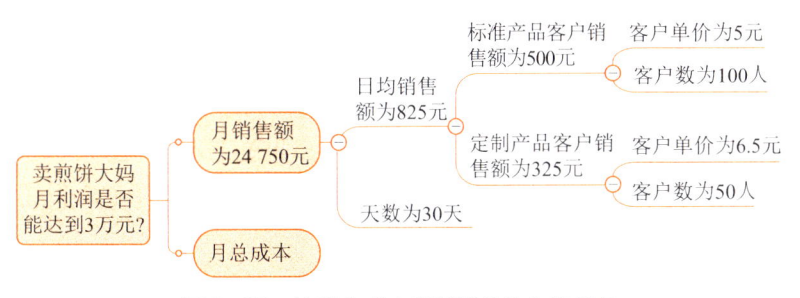

图3-25　计算公式中卖煎饼月收入案例2

同理，成本拆解的思路也类似，月总成本包括固定成本和直接成本。固定成本就是房租、水电气以及城管、工商的支出，而直接成本就是制作煎饼的原材料成本。这里也只能大致估算，每月成本大概是8 300元。

用销售额减去成本，卖煎饼大妈实际月利润为16 450元，离网上炒作的3万元还有一定距离，但销售额是可以达到2.4万元的，离3万元差距不大。

公式拆解是目前互联网公司进行数据分析时最常使用的一种方法。各大电商网站，比如淘宝、拼多多、京东等都有规模庞大的数据分析和运营团队，每天他们都会围绕着这些公式做不同的拆解和数据分析。各大互联网公司的广告团队，比如爱奇艺视频广告、字节跳动（今日头条、抖音等 App 的母公司）广告团队，也都有各自的数据分析和运营团队，他们也通过这些公式不断优化广告效果，提升广告收入。

掌握了公式拆解法，也就掌握了数据分析的钥匙。

分析框架

接下来要介绍的方法是咨询顾问最常用的，即利用现有分析框架来拆解。这些分析框架是咨询顾问最擅长的武器。很多管理大师总结出了各种各样的经典分析框架，应用于不同问题的拆解。这些框架其实也是通过搭建议题树的方式得来的，是无数咨询顾问在研究分析过程中总结提炼出来的。

在搭建议题树的过程中，如果涉及相关问题，可以直接把这些分析框架套入，再根据实际情况修改就可以了。比如，常见的战略分析框架有 SWOT 分析、波特五力模型、波士顿矩阵等，用户研究的模型则有 KANO 模型、客户旅程、净推荐值（NPS）等。

如果你要帮助一家公司进行战略规划，那么 3C 战略三角模型（简称 3C 模型）无疑是一个非常好的选择。3C 战略三角模型是由日本战略研究的领军人物大前研一提出的，他强调成功的战略有三个关键因素，即公司自身（corporation）、客户（customer）

和竞争对手（competition）在制定任何经营战略时，这三个因素必须考虑。

因此，在议题树的第一层，我们可以直接放入竞争对手、客户和公司自身这三个核心议题，然后根据分析框架的细节内容，对这些关键议题做进一步拆解。具体的拆解方法我就不再展开了，你可以参考图 3-26 所示的议题树。

图 3-26　分析框架中公司战略规划议题树案例

和直接经验类似，既有分析框架虽然可以直接套用，但千万不要过度依赖。你所面临的问题千变万化，特别是一些细节肯定有所出入，这时候就要灵活地对分析框架进行修改和优化，而 MECE 原则和同一层面原则就是你最好的工具。因此，即使是运用分析框架，也要从上到下非常细心地思考和拆解一遍，确保分析框架的理论符合基础问题的实际。

再来看一个公式法与框架法相结合的例子——杜邦分析法

（DuPont analysis）。

杜邦分析法是利用几种主要的财务比率之间的计算关系来综合分析企业的财务状况。其基本思想是将企业净资产收益率逐级分解为多项财务比率乘积，这样有助于深入分析和比较企业经营业绩。它是一种用来评价公司赢利能力和股东权益回报水平，并从财务角度评价企业绩效的一种经典方法。由于这种分析方法最早由美国杜邦公司使用，故名杜邦分析法。

杜邦分析法的基本思路如图3-27所示。

权益净利率（也称权益报酬率），是杜邦分析法的核心，它是一个综合性最强的财务分析指标。如果把杜邦分析法架构看作一个议题树，那么这个指标就是这个议题树的基本问题。

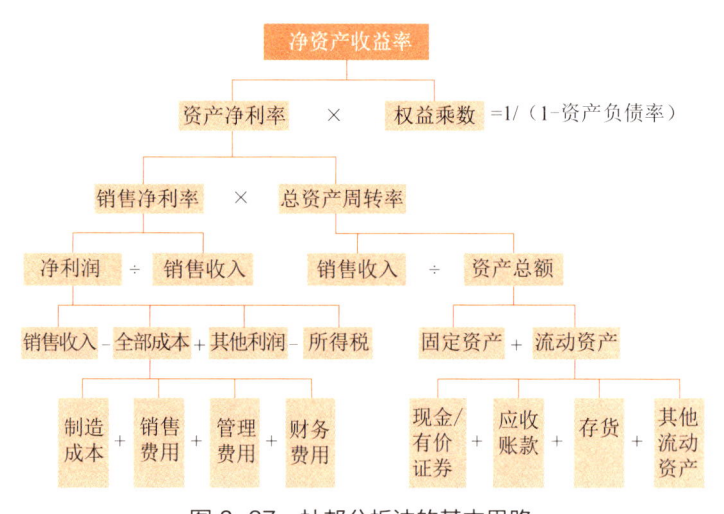

图3-27 杜邦分析法的基本思路

资产净利率和权益乘数是这个议题树的两个关键议题。

资产净利率是影响权益净利率的最重要指标，而资产净利率又取决于销售净利率和总资产周转率的高低。总资产周转率是反映总资产的周转速度。进一步向下拆解，销售净利率由净利润和销售收入决定。扩大销售收入、降低成本费用是提高企业销售利润率的根本途径。而对于销售收入、成本的拆解在讲计算公式时已经介绍过了，这里不再展开。而拆解资产周转率，需要对影响资产周转的各因素进行分析，包括各类资产的总量和比例关系，从而可以分析出影响公司资产周转的主要问题在哪里。

另外一个关键议题——权益乘数，体现的是企业的负债程度，也就是公司利用财务杠杆进行经营活动的情况。资产负债率高，权益乘数就大，这说明公司负债程度高，风险就高；反之，资产负债率低，权益乘数就小，这说明公司负债程度低，风险较小，但随之产生的利益就会变小。

逻辑结构

在自上而下法中，当我们没有思路时，除了以上三种常用的方法，我们还可以采用逻辑结构的方法来搭建主干。所谓逻辑结构，就是根据议题的逻辑特征进行分组。

1. 二分法

最典型的逻辑结构莫过于二分法。二分法就是把一个事物按照某一特性分成两部分，且这两部分是符合 MECE 原则的。一般做法是分成"是"和"非"两部分。

比如，对人群的性别进行分类，就可以分成"男性"和"非男性"，因为一般意义上性别只有男和女两种（暂不考虑特殊情况），因此也可以直接列为"男性"和"女性"。再比如，把人群按照国际上分类就可以分成"中国人"和"非中国人"，也就是"中国人"和"外国人"。同样，"他人"和"自己"，"开"和"关"，"里"和"外"都是二分法的分类方式。

当你对问题并不陌生，却又难以一下子找到拆解的头绪时，你就可以使用二分法。在使用二分法的过程中，你需要先找一个基准的分类标准，对议题进行拆解，把议题拆成"A"和"非A"。

这里给你三个小技巧，帮助你更好地使用二分法。

第一个小技巧，找对标准。在拆解议题树的过程中，分类标准其实多种多样，这时候你需要以基本问题为首要原则，结合经验，找到最符合任务目标的分类标准。

> 在之前的公众号涨粉案例中，基础问题中有一个重要的前提条件，那就是"尽可能低的成本"，这时候你可以根据这一点先用二分法，以涨粉手段的成本为分类基准，将所有的涨粉手段分成"免费"和"付费"两种。

第二个小技巧，逐层二分。二分法除了在搭建主干时可以使用，在补充细节内容时，如果依旧没有思路，你可以继续利用二分法进行拆解。

继续用公众号涨粉的案例。当拆解出"免费"和"付费"两个关键议题后,你就可以继续使用二分法,从推广手段的分类入手,将所有的手段分成"线上"和"线下"两种,因为推广手段在分类上并不存在第三种可能。更进一步,在线上的推广手段中,又可以分成"微信站内"和"微信站外"两类。

第三个小技巧,不依赖二分。二分法的作用更多的是帮助你打开思路,但这不等于在任何情况下都能使用二分法。在搭建议题树的过程中,运用MECE原则和同一层面原则对议题树进行优化,也会对二分法拆解出来的议题进行进一步拆分、移动或者合并,最后呈现出来的议题树并不一定都是以"是"和"非"来拆解的。

还是公众号涨粉的案例。线下推广手段就很难采用二分法,因为线下的地面推广、广告等手段很难总结出"是"和"非"的关系。同样,线上推广手段在拆分出微信站内和微信站外之后就落到了具体方法上,因此很难继续使用二分法。这时候就需要继续使用MECE原则和同一层面原则对这些细节议题进行优化整理,才能得到完整的议题树。

2. 步骤顺序

有些任务天生就是按照一定的时间顺序或流程顺序进行安排的,而这些步骤上的顺序就构成了议题树的主干。有了主干之后,再补充细节和整理就可以了。

我太太非常善于规划家庭旅游项目。假如把一次家庭自由行看作一项工作，那这项工作就要经历如下步骤：
- 第一步：确定目的地
- 第二步：确定旅游时间
- 第三步：确定旅游路线和游玩项目
- 第四步：订机票
- 第五步：订酒店
- 第六步：申请年休假
- 第七步：购买必要物资
- 第八步：收拾行李，准备出行
- 第九步：正式出行
- 第十步：回程

这里的每一步都可以做进一步拆解。比如第一步，确定目的地所需要做的工作是先列出几个备选项，然后逐一研究，最后在家庭内投票，从而确定最终目的地。

第四步则可以拆解成机票比价、机票预订等多个细分步骤，此外还可以进一步拆解成去程机票和返程机票。第五步也可以拆解成酒店比价、酒店预订等多个细分步骤。第七步购买必要物资则包括购买保险、购买衣物、购买通信服务等。收拾行李则包括证件、衣物饰品、药品、电子产品、游玩装备等。

使用步骤顺序非常容易出现的一个问题是逻辑顺序不清。有时候虽然确实应该按照列出的步骤开展工作，但是这些步骤很有可能并不处于同一层面上，甚至可能会有相互包含的关系。这时候就需要使用 MECE 原则和同一层面原则将这些步骤重新梳理清楚，否则就会出现思路混乱的情况。

除此以外，在步骤梳理的过程中，一般建议关键议题控制在 5 个以内。如果超过 5 个，那不同关键议题之间很有可能会有交叉、不在同一层面等问题。你需要做的就是进行重新总结，将其控制在 5 个以内。

继续看家庭旅游计划的例子。仔细观察很容易就会发现，虽然已列出的 10 个步骤确实是这个顺序，但是这些步骤之间出现了一些包含和被包含的关系。

比如，第三步确定旅游路线和游玩项目实际上应该包含在第一步确定目的地中，因为只有确定了游玩路线和项目，才能确定最终目的地。换句话说，路线和项目应该是选择目的地的重要参考标准。因此在议题树搭建中应该将二者合并。

除此以外，还有很多步骤并不处于同一个层面上。比如订机票、订酒店、申请年休假、购买必要物资都属于比较琐碎的工作，应该放在一个较低的层级上。同理，"正式出行"则应该放在一个比较高的层级，但并没有其他高阶层级与之对应。

正确的做法可以将这项工作分为三个关键议题：

- 第一步：行程确定
- 第二步：旅行准备
- 第三步：出行与返程

然后再把各个步骤逐一放在对应的关键议题中（见图 3-28）：

```
                              ┌─ 确定几个目标
              ┌─ 第一步:行程确定 ─┼─ 确定对应的游览路线、游玩项目及游玩时间
              │                └─ 投票决定最终目的地,同时确定路线、项目及时间
              │                ┌─ 预订机票、酒店
              │                ├─ 申请年休假
家庭自由行 ─┼─ 第二步:旅行确定 ─┼─ 购买必要物资与服务
              │                └─ 收拾行李
              │                ┌─ 出发坐飞机,落地后前往酒店
              └─ 第三步:出行与返程 ─┼─ 按照既定计划游玩
                                └─ 前往机场、返程
```

图 3-28 逻辑结构的步骤顺序的家庭自由行案例

这样我们就得到了一个完整的议题树。

步骤顺序是一种非常自然且非常容易理解的逻辑,非常广泛地应用在我们的生活与工作中。但步骤顺序也有一定的局限性,它一般只适用于偏执行类的工作,不太适合偏思考和分析的工作。执行类工作有明确的先后顺序,前后之间有比较明确的逻辑承接关系,且每一步的重要性都比较接近。比如日常生活中大部分事情都可以用步骤顺序法,因为不需要涉及特别深度的思考和分析;在工作岗位上,组织协调、工作推动、工作执行类的工作都可以用步骤顺序法,因为工作需要你一步一步地去完成。

偏思考和分析的工作，应该更多聚焦在思考和分析的目的上，如果使用步骤顺序法构建议题树，很有可能会迷失目标。

以数据分析工作为例。数据分析工作如果按照步骤来拆解，主要包括数据采集、数据整理、数据分析和数据呈现这四大步骤。但需要注意的是，当我们在做数据分析时，我们的目标是发现数据背后的问题，而非"数据分析"这个动作本身。

除此以外，在比较成熟的企业中做数据分析时，一般都有比较成熟的数据采集和整理系统，只需要去做数据分析和数据呈现即可。如果还是按照数据分析的步骤来拆解问题，你就还是会找不到头绪。这也是为什么数据分析工作在开展时，更推荐采用计算公式法，因为计算公式法体现的是实际的数据结构，通过公式可以发现数据背后的问题。

3. 构成要素

任何一个事物都会由若干要素构成。这个事物既可以是真实的，也可以是概念性的；既可以是一个物体，也可以是一个过程。但是，这个"任何一个事物"必须被合理地划分为不同的部分。

比如，人的身体可以分为头、四肢和躯干，进一步细分，四肢可以分为上肢和下肢，而下肢又包括大腿、小腿、膝盖和脚这几个部分。再比如，一部手机主要包括屏幕、电池、主板、CPU（中央处理器）、GPU（图形处理器）等多个部分。

除了这些实际、有形的物体，我们画示意图、概念图、组织架构

掌控工作

图时所展现的实际上也是一种构成要素。

图 3-29 展示了原材料如何通过加工生产最终到达消费者。整个过程需要经历原材料加工厂、产品生产厂、物流商、经销商、零售商各个环节，这些环节就是整个链路的构成要素。

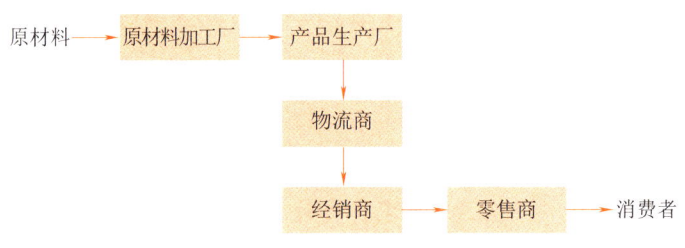

图 3-29　构成要素的案例 1

而图 3-30 展示的则是某公司的组织架构。这里，销售部、生产部、技术部等部门就是这家公司的构成要素。

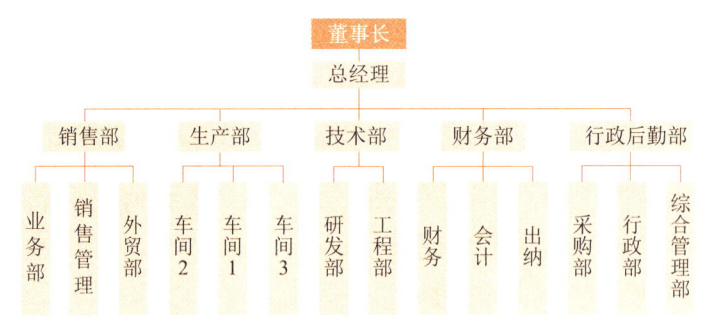

图 3-30　构成要素的案例 2

03 第二步：拆解问题

因此，使用构成要素法进行自上而下的拆解，首先要做的就是挖掘该事物的组成要素。而在挖掘这些要素时，一般可以从下面两种情况来入手。

第一种是直观结构。这是针对实际物体的拆解方法，往往应用于实际物体发生问题的情况。

要解决"计算机无法开机"这个问题，应该怎样用要素法来构建议题树呢？首先，计算机的构成要素包括软件和硬件。软件的构成要素就包括操作系统、驱动程序以及其他应用程序，而硬件的构成要素则包括显示屏、主板、硬盘、CPU、显卡、内存等。当我们需要诊断计算机开不了机的问题时，则可以根据这些构成要素逐一入手排查。当然，这里还可以运用经验，优先排查那些故障率高的构成要素，再排查那些故障率低的构成要素。

第二种是组织结构。它一般应用于组织内部（比如企业、政府、非营利机构等）的分析。你可以在分析组织业绩、组织管理问题以及组织架构等相关问题时使用。

比如，有人向高层反应，企业内存在不同部门之间配合效率低的问题。如果这个问题没有具体指出是哪几个部门之间配合效率低，你就需要依次列出组织架构，然后研究不同部门之间的配合关系，再去发现问题。这里请注意，议题树的主干不是组织架构各部门，而应该是不同部门直接的配合关系，这才是你工作的重点。

看到这里你可能会产生疑问，构成要素法似乎与之前提到的分析框架法、计算公式法有一定的共通性。像分析框架法中的核心要点、计算公式法中的计算要点，都可以认为是构成要素法中的构成要素。实际上，构成要素法就是分析框架法、计算公式法的进一步抽象化，二者在使用过程中是可以充分结合的。在使用分析框架法和计算公式法时，可以利用分析框架法的思想，先抓住那些最重点的要素构建议题树。

除此以外，自上而下法中的各个细分方法，包括二分法和步骤顺序法以及直接经验法、计算公式法、分析框架法都是可以充分结合使用的。

比如在直接经验法中，你就可以用二分法先将问题一分为二，同时也可以结合步骤顺序法按照过往经验罗列出解决问题的步骤，作为议题树的主干。同理，计算公式法可以和分析框架法相互结合使用，比如杜邦分析法就是二者的非常完美的结合。

由于篇幅有限，这里不再一一列举，希望你能够在实践中充分挖掘这些方法的妙用。

两种方法的综合应用

虽然自上而下法和自下而上法是两种不同的方法，拥有不同的思路，但在实际使用过程中，这两种方法往往不会单独使用，而是结合起来运用的。

我们平时遇到的大部分问题一般不会是完全陌生或者完全熟悉的，往往是部分熟悉和部分陌生。因此，在拆解问题时，通常是根据实际情况，针对问题中比较熟悉的部分采用自上而下法，而对比较陌生的部分则采用自下而上法。

比如，你想在一年内找到一个符合你要求的男朋友（当然也可以换成女朋友，可以自行代入）。

首先肯定要考虑两点：一是接触更多的男生，二是和现在你有好感的男生有更深入的交流。这两点属于经验，是典型的通过自上而下法搭建主干。

当你需要拆解第一点"接触更多的男生"时，你也许经验不足，因此可以采用自下而上法，列出所有你能想到的点，比如熟人介绍、豆瓣、陌陌、酒吧夜店等。通过总结，你可以把熟人介绍的归为一类，通过豆瓣、陌陌等软件接触的归入线上社交，而酒吧、聚餐等则是线下活动。

根据同一层面原则，熟人介绍是比线上社交和线下活动高一个层级的，因此可以把这二者总结为"自行寻找"，而熟人介绍就可以重新总结为"他人介绍"——这里实际上使用了二分法的思路。

根据 MECE 原则，还可以把线上社交和线下活动的手段补充进来，特别是要加上"其他"，确保完整性。同理，"他人介绍"又可以按照"他人"的类型拆解成同学朋友、同事和亲戚三大类。

我也对这个案例做了一个简单的拆解（见图 3-31），但我没有拆解议题树的第二个关键议题，也就是"和现在有好感的男生有更深入的交流"，你可以在学习完本章内容后自己尝试一下。

掌控工作

```
一年内找到一个符          ┌── 他人介绍 ──┬── 同学朋友介绍
合你要求的男朋友 ──┬── 接触更多 ──┤             ├── 同事介绍
                  │   的男生      │             └── 亲戚介绍
                  │               │             ┌── 豆瓣
                  │               │             ├── 陌陌
                  │               ├── 线上社交 ──┼── Soul(社交App)
                  │               │             └── 其他
                  │               └── 自行寻找 ──┐
                  │                             │  ┌── 聚餐
                  │                             │  ├── 酒吧夜店
                  │                             └──线下活动
                  │                                ├── 相亲活动
                  │                                └── 其他线下活动
                  └── 和现在有好感的男生有更深入的交流
```

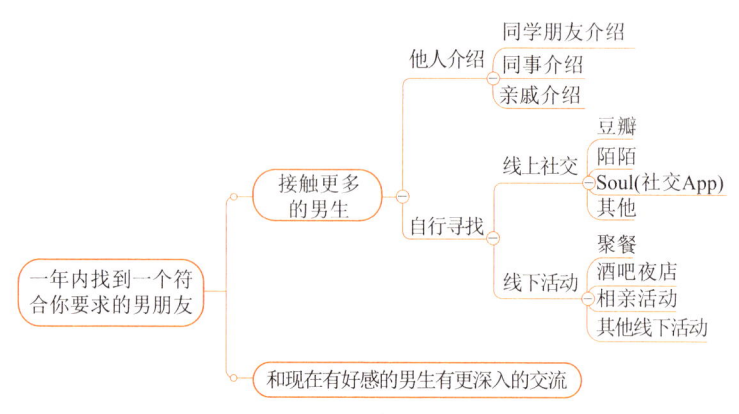

图 3-31　综合应用的案例

假设驱动法

在使用自上而下法和自下而上法的过程中，还有一个非常实用的方法——假设驱动法，它可以有效帮助你提升拆解议题树的效率。假设驱动法就是通过提出假设的方式补充议题树里那些你不确定的地方，后续再不断验证与修改。

什么是假设

我猜"假设"这个词可能对你来说有些陌生，但实际上假设不是一个新事物。

从小到大你肯定经历过很多考试。比如在数学考试中，常常会有4个选项的单项选择题。一般的解题方法是先看题目，然后计算出正确答案，再去4个选项中寻找对应选项勾选。这种解题思路被称为线性解决法。但有时候，我们也会采取一些技巧，就是先选择其中一个答案，然后带入题目之中进行验算，如果验算正确，那么这个就是正确选项。

这种先假设一个正确答案，再验证真伪的方法，就是非常典型的假设驱动法。科学研究也常常采用提出一个假设，再通过演算或试验验证这个假设是否成立。除了科学研究和考试，实际上你在生活中经常会使用假设驱动法来解决问题。

比如外面下大雨，你可能会认为："下雨天大家都不想出去，所以餐厅应该人很少。"于是你出门去了餐厅，如果餐厅人不多，那么你的假设就对了；也有可能你去了之后发现，餐厅内拥挤混杂，在这种情况下，你最开始的假设就错了。然后你分析原因的时候又提出一个假设：因为大家都这么想，所以下雨天都来餐厅用餐。那以后再下雨时，你就可以再次校验你的假设了。

再比如，分析客户为什么不喜欢某个饮料。你就可以提出假设，可能是由于口味、口感、颜色、包装这几个方面，然后逐一去验证。如果漫无目的地直接询问客户，可能客户会有"我就是不喜欢，没什么原因"之类的回答。而如果通过提出假设，让客户来做判断题，答案相对就会具体和明确很多。

所以，假设的定义很简单，就是现阶段最接近答案的答案。在搭建议题树各个环节的过程中，提出假设是非常有帮助的。

首先，假设驱动法可以为你提供思路，它是议题树的钥匙。在拆解议题时，你可能会面临举棋不定或者没有思路的情况，这时候就可以充分调用假设，先帮你找到思路，确定一个方向，大不了后面再换，免得像无头苍蝇一样乱碰乱撞。

比如，最近公司某个产品的销售额下降了，领导希望你能够分析出问题原因。销售额下降的原因多种多样，比如有可能是竞争对手挤占了份额，或者产能不足，抑或渠道商出了问题，这时候，如果你用传统的线性思维搭建议题树，可能一下子很难抓住好的切入点。

这时候你就可以充分调动过去的经验，结合公司现状提出假设：销售额下降主要是由竞争对手挤占份额导致的。这时候可以把这一关键议题继续往下拆解，比如竞争对手是谁、竞争对手最近采取的促销活动、客户对竞争对手的反应等。这样你手中就有议题树的一个模块了，相比于一开始的毫无头绪，现在快速抓住一个头绪，进一步拆解就容易很多。

其次，假设驱动法可以大大提高搭建议题树的效率。

自下而上搭建议题树有一个很大的问题，那就是一些细节议题在实际工作开展前并不能够完全确定，特别是在面对不熟悉的问题时。这时候你就可以先通过假设，把细节补充完整，后续再逐步验证。

比如刚刚提到的"找男朋友"案例，你可能从没参加过相亲活动，手机里也没有安装过陌陌、Soul 之类的 App，但是你听说过别人通过这些手段脱单了，因此就把这些手段列入议题树中。这就是通过假设帮助你补充细节。相反，如果你要把每一个方法都考察一下再放入议题树中，可能一年的时间都已经过去了。

在自上而下法中，有时候你的过往经验并不一定能够帮助你搭建出完整的议题框架，这时候就可以通过提出假设，把一些关键议题补充出来，再做进一步分解。

在咨询公司，有一类议题树被称为"假设树"，就是完全根据假设而不依靠其他信息搭建的议题树。这样的好处是搭建速度非常快，不需要查询信息，这种"假设树"往往是在飞机、出租车这些封闭且无法与外界联系的场景里完成的。搭建好"假设树"后，等到有条件了再通过仔细研究和分析，慢慢优化和改进。

最后，假设驱动法可以有效指导后续工作的开展。
在搭建议题树的过程中，不仅要提出议题，有的时候还要更进一步，先设想出答案。有了这样的假设，后面在开展工作的时候就可以有的放矢地进行验证，而不是漫无目的地去检索结果。

以考试和科学研究为例。如果没有一个目标就直接去行动，就如大海捞针一般。这种漫无目的的解决问题的方法在咨询公司里面有个专业术语，叫作"煮沸整个海洋"（boil the ocean）。相反，先提出假设再验证，即使假设错误，至少也是排除了一个错误选项。况且，假设往往是根据现阶段掌握的情况提出的"最有可能正确的答案"。

如何提出假设

提出假设并不是一件非常难的事情，可以从几个来源入手。

常识和直觉

比如,"下雨天大家都不想出去,所以餐厅应该人很少",这就属于基于常识和直觉提出的假设。这类假设往往突然出现在你脑海里,并没有经过很严密的思考,但它的准确率往往很高。因为这类直觉的背后是你多年来的仔细观察和经验积累。

那些在行业里浸淫多年的"老鸟",他们不一定有非常结构化、系统化或者全面的思维,但是对于这个行业运作的细节他们非常熟悉,在面对问题时也可以根据丰富的经验直接指出问题(在真正诊断出问题之前,这实际上也是一种假设),而他们指出的问题往往非常接近正确答案。

经验与知识

如果说直觉就好比电路突然导通、灯泡突然点亮,那么运用经验与知识就好比在自己大脑的图书馆里查阅资料。对过往经验的提炼、重构与迁移也是提出假设的好方法,比如咨询顾问就非常善于根据过往经验提出假设。

> 某次我在研究饮料行业的渠道问题时,当时我对饮料行业并不了解,手头也没有饮料行业的分析框架,但因为有研究食品行业的经验,因此我可以假设饮料行业的渠道运营模式和食品行业非常接近,然后再基于食品行业的经验提出细节议题。

向他人求助

这里的"他人"可以是行业内的专家,比如学者、经验丰富的老员工、工作上的前辈等，总之是要向具备这个领域知识和经验的人求助。虽然他们不一定和你一起从事这项工作，但是他们的知识和经验可以有效地帮助你找到问题，打开思路。注意，这里千万不要拘泥于公司乃至团队内部的专家，你可以放宽眼界，去外部寻找专家，比如合作伙伴，甚至是竞争对手。

在一个项目刚开始搭建议题树时，咨询顾问就会通过访谈的方式询问行业专家对该行业的看法和观点，然后将这些看法和观点作为假设融入议题树中。比如，某个议题是分析行业未来发展前景，行业专家认为，该行业未来发展前景不明朗，可能会下跌，这时候你就可以把"下跌"作为行业发展的假设，在后面的工作中进行验证。

如何找到这些专家呢？咨询顾问非常喜欢一种方法——陌生电话，就是通过一些方法拿到一些行业专家的电话（有的是在互联网上搜到的，有的是通过中介机构，比如猎头公司、招聘公司，还有的则是直接打到对应公司问到的），直接打电话给专家，表明来意，寻求帮助（一般也会给予一些物质上的回馈）。虽然这样的方法成功率不高（大概是1%），但凡是能顺利接通的，一般都会非常乐意分享一些不涉密的行业经验，而咨询顾问也往往会基于这些经验为搭建议题树添砖加瓦。

查阅资料

这和第一章"学习专业术语"中的"多种信息来源"的思路是一

样的。你可以通过官方机构、第三方研究机构、搜索引擎、综合型数据库、书籍这几种手段来帮助你扩展知识，获取假设的灵感。因此这里不再重复。

用假设驱动议题树的拆解

说了这么多假设与提出假设的方法，那么在自上而下法和自下而上法中，到底应该如何应用假设迅速拆解议题树呢？其实这一点在之前已经提到了，当拆解议题树遇到以下阻碍时，你就可以果断且放心大胆地应用假设驱动法。

第一种情况：遇事不决

在搭建议题树的过程中，你在归类或者分类时难免会遇到不知道该用哪种分类方法的情况，这时候你就可以用假设先定一个方向再向下拆解。

在自下而上法中，你在通过头脑风暴获得散点后就要进行归纳总结了。一般情况下，这些散点往往不止一种分类方法，虽然有时可以通过基础问题来结合判断，但还是会出现两种甚至更多分类方法都符合基础问题的情况。这时候你要做的就是根据直觉或知识迁移先提出一个假设，再按照这个假设继续拆解，优先确保拆解的效率。随着拆解的深入，你会对问题有更深的理解，同时议题树也更加完整，让你可以进一步判断假设是否正确；如果有问题，回到假设的步骤进行调整即可。

在自上而下法中，你也会遇到多种拆解方向都可以的情况，同样，你也可以根据直觉或知识迁移先提出一个假设，按照这个假设继续拆解，然后逐步验证这个假设是否靠谱。

在这个情况中，一般不建议采用向他人求助或是查阅资料的方法，因为这两种方法比较耗时，而你拆解的往往是比较细节的议题，不值得花那么多时间，除非你可以迅速问到或者查到答案验证假设。

第二种情况：无从展开

在搭建议题树的过程中，无论是自上而下法还是自下而上法，你在做完第一步（列出散点或者搭建主干）后都会发现思路被打断的情况，这时候也是让假设驱动法大显身手的好时机。

这时候主要应用的方法就是向他人求助或者查阅资料，因为打断思路往往意味着你对这类问题不熟悉，因此没有直觉或者经验可以利用。这时候接受一些外部指导会是更有效的方法。

第三种情况：毫无头绪

这种阻碍往往发生在搭建议题树的初始阶段。和第二种情况一样，一般意味着你不了解这个领域，正确的做法是赶紧向经验丰富的专家请教或查阅翔实的外部资料。

第四种情况：无外界信息

这种情况比较特殊，往往发生在封闭的空间，你没有办法获取足够的背景信息和外部信息，比如之前提到的在出租车或飞机上。再加上时间紧迫，要求你必须迅速拆解出议题树，这时候你就需要调用一切资源提出假设。

比如，也许你旁边就坐着一位经验丰富的同事，或者你笔记本里有丰富的相关资料，抑或你的经验比较丰富，这些都是你可以利用的点。因为空间封闭，与外界联系手段有限，你只能先根据这些搭建议题树，然后再和你的团队成员讨论。

一些善于思考的读者可能会提出疑问：提出假设可以依靠经验，自上而下法中也可以依靠直接经验进行拆解，那么二者究竟有什么区别和联系呢？

一般情况下，自上而下法里的直接经验指的是"我之前做过完全一样或者基本一样的事情"，然后根据这样的经验搭建议题树的主干。而"依靠经验提出假设"中的"经验"往往是间接经验，也就是"我做过类似的事情"，然后把这个经验迁移过来使用。比如我之前研究的饮料行业，当时我只有食品行业的研究经验，因此把食品行业的经验迁移到饮料行业上提出假设。

除此以外，还有一个非常值得探讨的问题：为什么他人经验（向他人求助或查阅资料）也算是提出假设？这是因为我们在工作时一定要保持清醒的头脑与求真的态度，对于他人经验这类二手信息，我们必须验证真伪后才能使用，因此将其归入"假设"的范畴。

在实践中我们可以发现，假设驱动法实际上是和两种基本方法密不可分的，特别是自上而下法。因为无论是直接经验、计算公式、框架还是逻辑结构，都会存在具体问题具体分析的情况，因此在采用自上而下法时，一定会伴随着假设的提出和验证。

假设驱动法的其他作用

假设驱动法实际上并不仅仅应用于议题树的拆解，实际上在解决问题的整个过程，它都可以帮助我们提高工作效率。下面让我通过几个案例，帮助你更好地理解这个方法。

一般人做PPT都是等工作全部完成或部分完成后再开始，但咨询公司里有一种"奇技淫巧"，就是在工作还没开始时就把PPT的框架搭出来。这靠的就是假设驱动法。它经常用在咨询顾问比较熟悉的领域，比如竞标前需要制作竞标材料PPT，这类PPT往往有一定套路可循，只需要根据项目的特点做定制化修改即可。这种情况甚至不用搭建议题树（因为PPT的框架就是议题树），不用制订工作计划（直接把每一页的负责人写在PPT上），就可以直接工作了，非常高效。

我相信你肯定也有过类似的经历，特别是在赶材料的时候（比如一些审查材料、竞标材料），因为有一定的模板可以套用，所以可以先根据模板和过往经验把内容框架列上去（提出假设），再根据实际情况修改即可（修改假设）。

以上是咨询公司的案例，再来看一个互联网公司运用假设驱动法的案例。

一般企业在更新产品功能或者涨价时，往往需要多方验证，相关工作人员则需要来来回回提供各种各样的材料。

互联网公司在这方面就有一种非常好的方法——A/B测试（也称为分离对照实验），就是为同一个目标制订两个（或以上）方案，然后将用户对应分成两个（或以上）组，在保证每组用户特征相同的前提下，让用户分别使用不同的方案设计，然后再根据相应组用户的反馈决定产品功能特性是否真正优化。

也就是说，这种方法就是先假设一组用户能够接受新的产品功能，一组用户维持现状，一组用户使用新功能，然后看哪一组用户反馈更好。如果使用新功能的用户反馈良好，那就意味着假设得到验证；反之，假设则不通过。

这不仅可以验证单个方案，还可以2~3个方案同时运用、同时测试。每一次的测试期不过十天半个月，相比来来回回提供各种材料，效率要高得多。

这个方法实际上在传统企业也有过应用。

日本的7-11便利店就针对其饭团产品构建过一个假设：只要质优味佳，200日元的饭团也能畅销。7-11便利店希望推出一款食材更好、更美味的饭团，相应也可以提升价格。但当时大部分便利店饭团售价都在100~130日元，所以这个想法遭到了质疑。因此，他们做了两组实验。第一组是对照组，7-11便利店首先将现有的大部分饭团价格控制在100日元，这么做的结果是2~3个月内销售额约增长了20%。第二组是实验组，7-11便利店制作了标价为200日元的高端饭团，结果当月的销售额增长就远远超过了20%。

7-11便利店就是这样利用假设抓住了消费者的需求。

因此，千万不要以为假设驱动法只能用在议题树的拆解上，在工作整个过程中充分运用假设驱动法，能够起到事半功倍的效果。

如何完善议题树

除了之前提到的两种基本方法和假设驱动法的技巧，在拆解议题树时，你还需要具备两种意识，才能更好地完善议题树。

80/20 法则

80/20 法则是构建议题树时需要用到的一个重要技巧。这个法则是经济学家帕累托提出的，简单来说，就是 80% 的结果都是由 20% 的核心原因造成的。因此在搭建议题树的过程中，你时刻要专注那些最重要的议题，舍弃那些不重要的议题。在图 3-32 中，灰色部分需要花费大量的时间，取得的效果却并不显著，因此就要果断摒弃。

这个技巧实际上非常简单，你只需要衡量清楚议题树中解决每一个议题的投入与产出，专注那些高产出的议题，忽略高投入、低产出的议题即可。

公众号涨粉的例子中，如果你是单枪匹马作战，那么地面推广这种需要投入大量人力物力的方法可能并不适合你，你可以把地面推广类议题从议题树中删除，或者在后续工作中忽视这部分内容。

同理，如果领导给你的预算非常少，那显然大规模投放广告的手段是行不通的，因此也可以把这一项从议题树中删除。

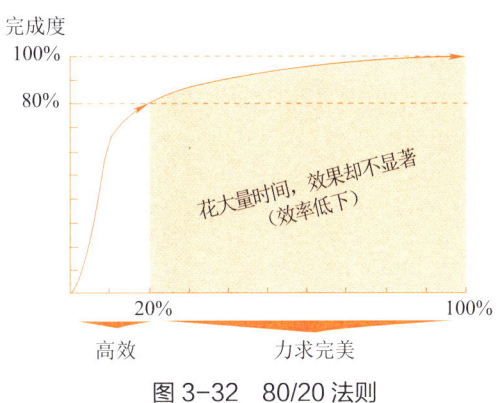

图 3-32　80/20 法则

虽然 80/20 法则简单，但它是一个非常反人性的技巧。因为人性贪婪，总是想要面面俱到。比如，销售总觉得每个客户都很重要，殊不知他把大量时间花在那些很费事但订单金额不大的客户身上，从而减少了在大客户上的时间，这很有可能导致大客户的流失。又比如很多人在做事时，往往在细节上花了大量的时间，反而在大方向上没把握好。因此，在搭建议题树以及做后续工作中，一定要毫不留情地舍弃那些费力不讨好的议题。

再来看一个生活中运用到 80/20 法则的案例——缩减生活

开支（如图 3-33 所示）。

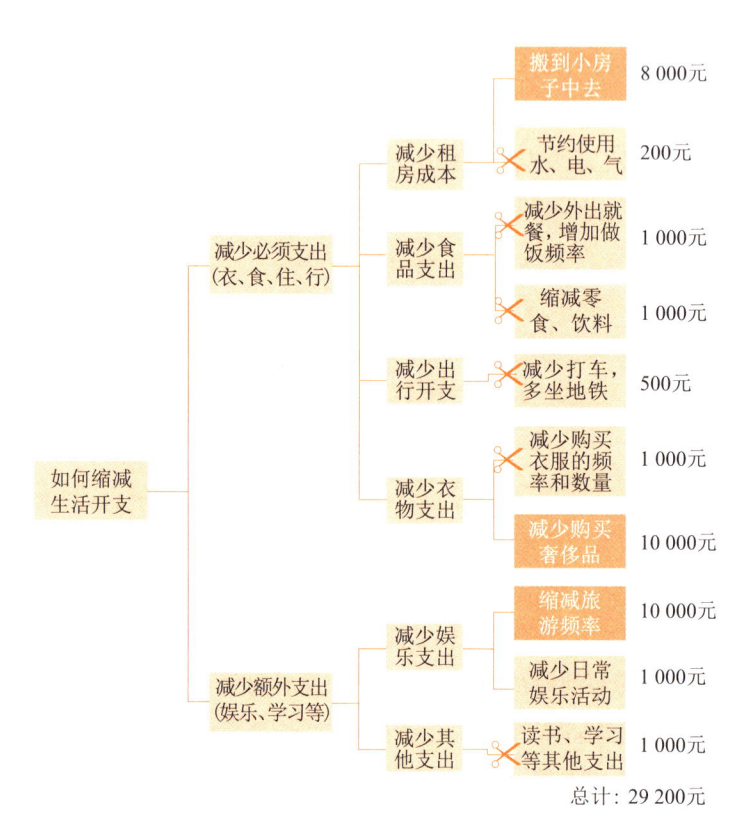

```
如何缩减生活开支
├── 减少必须支出（衣、食、住、行）
│   ├── 减少租房成本
│   │   ├── 搬到小房子中去          8 000元
│   │   └── 节约使用水、电、气       200元
│   ├── 减少食品支出
│   │   ├── 减少外出就餐，增加做饭频率 1 000元
│   │   └── 缩减零食、饮料          1 000元
│   ├── 减少出行开支
│   │   └── 减少打车，多坐地铁       500元
│   └── 减少衣物支出
│       ├── 减少购买衣服的频率和数量  1 000元
│       └── 减少购买奢侈品          10 000元
└── 减少额外支出（娱乐、学习等）
    ├── 减少娱乐支出
    │   ├── 缩减旅游频率            10 000元
    │   └── 减少日常娱乐活动         1 000元
    └── 减少其他支出
        └── 读书、学习等其他支出      1 000元

总计: 29 200元
```

图 3-33　80/20 法则缩减生活开支案例

假设我们要缩减生活开支，那么，我们可以将它拆解为必须支出与额外支出这两个关键议题。然后进一步拆解，将必须支出按照衣、食、住、行进行拆解，得到一些可以缩减的支出项；同理，

再将额外支出进行拆解，得到一些可以缩减的支出项。这样我们就得到了一个比较完整的议题树，而这个议题树包含了10项可以缩减生活开支的议题。

虽然同时缩减这10项开支可以最大地减少生活开支，但也给生活带来了不便，特别是需要在每一笔支出时都要仔细思考是否值得，过于牵扯精力。比如，如果要缩减食品支出，吃每一顿饭都要花很多时间算计，最后一年下来也省不了多少。因此，我们必须关注那些大额支出。

如果我们将这些支出项分别量化就很容易发现，搬家、奢侈品和旅游这三项是最大额的支出。虽然从项目占比来看只占30%，但是从支出金额上来说占比超过80%。

因此我们在做决策时，优先缩减的应该是这三项，即专注在30%的项目条目上，从而减掉80%的开支。而像食品、交通、学习等本身支出金额较少的就是"20"的部分，就算花了大力气也缩减不了多少，得不偿失，因此是我们不需要关注的部分。这就是非常典型的80/20法则的实际应用。

迭代与修改

议题树不是搭建完成就算完事了，需要根据实际情况，不断进行迭代与修改。

在解决问题的初期，议题树的作用是指明工作方向，告诉你应该做什么工作。在这个阶段，由于你对问题还不够了解，拆解出来的议题树很容易出现不够细化或者方向有问题的情况。

  随着工作的推进，你可能做了许多研究工作，对这项任务的理解更加深入，这时候你就可以根据新的理解修改议题树。

  即使在完成议题树搭建之后，即使到了实际执行解决问题的环节，也有很多议题可能会被证明毫无意义，同时又有许多新的议题产生。这时候就需要根据实际情况，不断通过迭代与修改来驱动议题树的完善。

  我在刚踏入互联网行业的时候接到一个任务，分析公司旗下的一款 App 广告收入下降的原因，并提出解决方案。

  由于对这个问题并不熟悉，因此我首先根据过往经验，也就是"销售收入 = 广告单价 × 广告数量"来入手分析。在广告行业中，广告单价的衡量指标主要是 eCPM，也就是每一千次展示可以获得的广告收入；而广告数量则是指广告曝光量。其次，我就针对各个广告位分别分析，但通过数据分析并没有得出很好的结果。于是，我又换了一种思路，即按照"销售收入 = 客户单价 × 客户数量"，结果迅速发现了其中的问题：收入下降的原因在于该 App 的广告主数量（客户数量）明显减少。再次，我进一步地把广告主数量这个议题进行拆解，先拆解到不同行业，再拆解到每个行业里的单个广告主，终于发现了大量的流失广告主。最后，我从流失广告主这一议题进一步挖掘，探索到了流失背后的原因。

  在这个案例中，我最后把整个议题树的架构彻底改变了，而随着工作的深入，我也拆解出了越来越多的新议题。

因此，在拆解议题树时，千万不要以为议题树是一成不变的。除非是完全一样的工作，否则即便是很类似的工作，从我的经验来看，也有可能出现新的议题和方向。善用迭代与修改，可以有效帮助你完善议题树，从而推动问题的顺利解决。

多种方法综合运用

让我们一起再回顾一下议题树搭建的方法和技巧，可以总结为"两原则，两方法，三技巧"。

- 两大基本原则：MECE 原则和同一层级原则。
- 两大基本方法：自上而下法和自下而上法。
- 三个小技巧：假设驱动法、80/20 法则和迭代与修改。

在实际解决问题的过程中，这几个原则、方法和技巧需要综合运用，缺一不可。让我用两个案例帮助你更好地理解和运用它们。

案例 1：制作公司宣传 PPT

假设领导让你制作一份精美的 PPT，内容是介绍公司现有业务，目的是向客户做宣传，要求一周内完成，而你并不擅长做 PPT，这时你应该怎么办？

首先，你可以先大胆假设一下，这个 PPT 可能和你之前帮领导写演讲稿的流程是差不多的，一是收集材料，二是绘制 PPT，三是美化润色，四是给领导审阅。这就是通过假设（过往经验的迁移），采用自上而下法（PPT 制作是一种顺序结构），提出了第二层级的关键议题。

其次，详细拆解这些关键议题。第一个步骤是收集材料。你可以参考一下别的公司的宣传材料，再加上自己的头脑风暴，列出以下几点：公司成立时间、成立地点、发展历程、主要产品、应用领域、标杆客户、荣誉奖项等。这时参考别家公司的材料是提出假设的重要来源，而头脑风暴列出细则是典型的自下而上法。

再次，对细项进行总结归纳，比如，成立时间、成立地点、发展历程都可以归入公司概况，主要产品和应用领域属于公司业务，标杆客户、荣誉奖项则属于公司资质。用MECE原则验证一下，资质部分可能还缺少一个资质证书，除此以外应该没有遗漏，也没有重复，且各个信息处于同一层级。收集材料这一关键议题就基本解决了（如图3-34）。

```
                           ┌── 成立时间
              ┌── 公司概况──┼── 成立地点
              │             └── 发展历程
              │
              │             ┌── 主要产品
  收集材料 ───┼── 公司业务──┤
              │             └── 应用领域
              │
              │             ┌── 标杆客户
              └── 公司资质──┼── 荣誉奖项
                            └── 资质证书
```

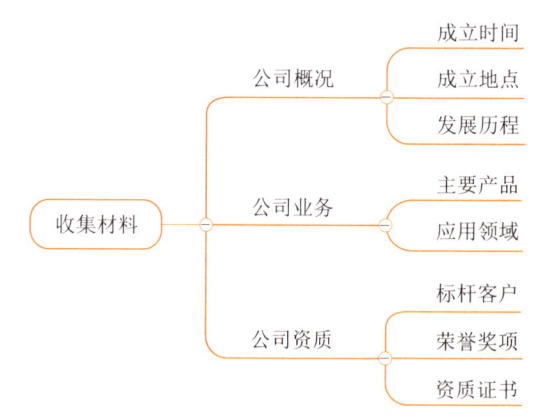

图3-34　多种方法综合运用的制作公司宣传PPT案例1

最后，拆解制作和美化 PPT。作为新手的你，这时候可以请教身边的 PPT 大神了。求助他们实际上就是一种提出假设的方法，因为 PPT 大神也是根据他们的经验给出指导意见，能否应用到你的案例中还是未知数。通过求助他们，你知道了制作 PPT 先要梳理故事线，然后规划清楚每一页 PPT 的内容，这样就可以绘制出 PPT 的草稿。有了初稿以后，要选择合适的模板，将内容放入模板中，然后完善细节。完成 PPT 后，最后交给领导审阅并修改。这样，你就完成了整个议题树的初步搭建，可以参考图 3-35。

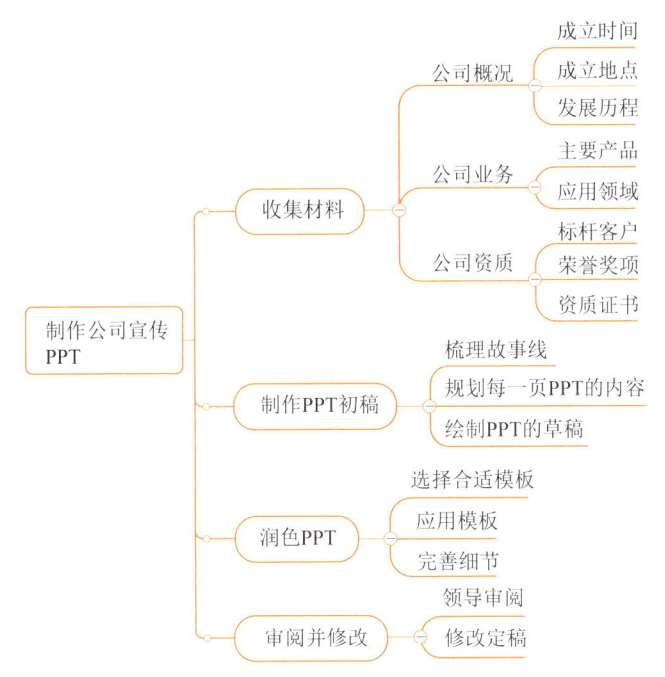

图 3-35　多种方法综合运用的制作公司宣传 PPT 案例 2

但在实际工作中，你会发现实际工作与议题树规划的稍有不同。比如，在收集公司资质材料时，因为公司有一些院士专家，这是非常大的优势，一定要突出强调。还有，领导审阅实际上出现在每个环节，因为领导关心 PPT 的材料、关心故事线、关心 PPT 的模板等方方面面的内容，所以在每一个工作环节都需要涉及审阅和修改，因此，你需要根据以上实际情况对议题树进行修改。除此以外，你不能忘记 80/20 法则以及迭代与修改。这里所有的议题都是有必要的，不存在删除议题的情况，但议题应有所侧重。领导在一开始强调了 PPT 要精美，要面向客户宣传，因此 PPT 的美观性（润色 PPT 环节）和 PPT 内容（要吸引客户，也就是制作 PPT 初稿环节）是重中之重。在收集材料环节，由于公司发展现状是既定事实，并且大部分都有现成材料，因此不要花太多时间。利用 80/20 法则和迭代与修改方法，在和领导、同事的讨论过程中不断修改你的议题树，最终得到一个完整的、符合工作要求的议题树，你就可以顺利进入执行流程了（参考图 3-36）。

案例 2：中国奢侈品市场研究

我之前提到过自己经手的奢侈品案例，那时我需要在一周时间内，通过案头研究、访谈调研等手段，完成国内奢侈品市场的初步研究报告，其中包括市场规模、发展前景、奢侈品品牌竞争格局以及国内奢侈品消费者特征和行为。

03 第二步：拆解问题

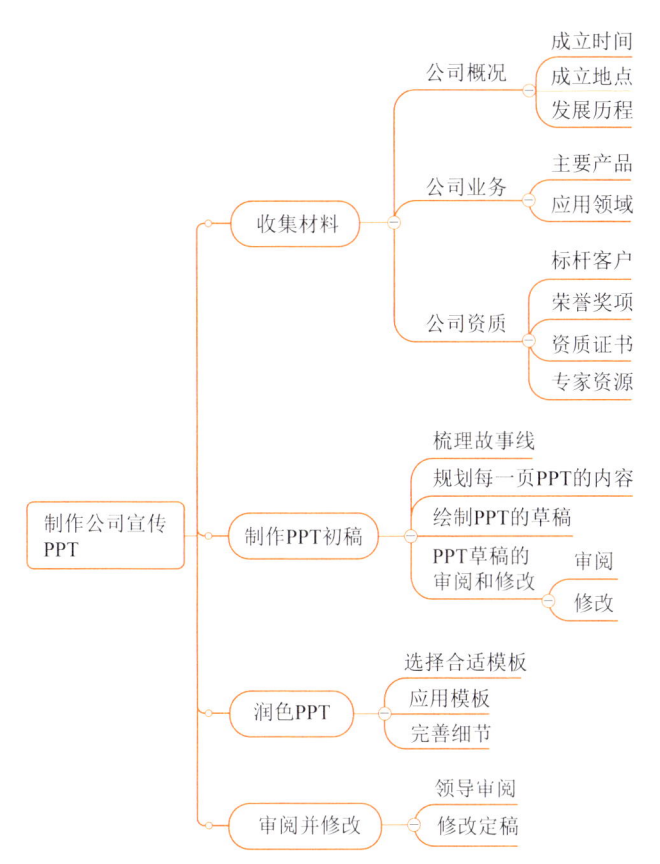

```
制作公司宣传PPT
├─ 收集材料
│   ├─ 公司概况
│   │   ├─ 成立时间
│   │   ├─ 成立地点
│   │   └─ 发展历程
│   ├─ 公司业务
│   │   ├─ 主要产品
│   │   └─ 应用领域
│   └─ 公司资质
│       ├─ 标杆客户
│       ├─ 荣誉奖项
│       ├─ 资质证书
│       └─ 专家资源
├─ 制作PPT初稿
│   ├─ 梳理故事线
│   ├─ 规划每一页PPT的内容
│   ├─ 绘制PPT的草稿
│   └─ PPT草稿的审阅和修改
│       ├─ 审阅
│       └─ 修改
├─ 润色PPT
│   ├─ 选择合适模板
│   ├─ 应用模板
│   └─ 完善细节
└─ 审阅并修改
    ├─ 领导审阅
    └─ 修改定稿
```

图 3-36　多种方法综合运用的制作公司宣传 PPT 案例 3

虽然我没有研究过奢侈品行业，但我们公司内部有专门针对这类项目的分析框架，包括市场概况、竞争分析、消费者分析和投融资情况 4 个部分，因此我可以直接用自上而下法搭建主干。但在当时，投融资并购市场并不活跃，加上我们也有数据库可以直接获取到这些信息，因此这部分内容不是当时的研究重点，我就没有把"投融资情况"体现在议题树中（见图 3-37）。

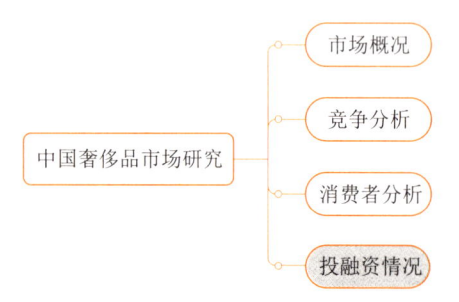

图 3-37　多种方法综合运用的中国奢侈品市场研究案例 1

一般情况下，市场概况主要需要研究行业特征、行业发展情况这两项。我们来一一拆解。

首先是行业特征。一般情况下，它包括产业链分析、外部环境分析、进入壁垒和关键成功因素几项。而奢侈品行业不需要做产业链分析和进入壁垒的分析，更需要关注外部环境、关键成功因素这两项。基于 80/20 法则，我们就可以在议题树中把不必要的环节省去。

外部环境分析一般包括宏观经济环境、政策环境、社会环境与技术发展现状等。外部环境研究的意义在于探索行业目前所在的大环境对行业本身造成的影响，一些外部环境动因很有可能会成为驱动或阻碍行业的重要因素。比如，最近全行业都在关注的贸易摩擦，就属于非常典型的政治因素。

03 第二步：拆解问题

关键成功因素分析，就是指在这个行业当中，哪些因素可以帮助企业取得成功。一般来说，行业关键成功因素包括品牌效应、客户忠诚度、政策与政府关系、渠道以及产品差异化等。

以上这些细项都是基于过往经验做出的假设，便于后续工作直接验证。这里你可以参考图 3-38 的议题树分支，其中标灰部分就是要省去的部分。

- 行业特征
  - **产业链分析**
  - 外部环境分析
    - 政治因素
    - 经济因素
    - 社会因素
    - 技术因素
    - 其他因素
  - **进入壁垒**
  - 关键成功因素
    - 品牌效应
    - 客户忠诚度
    - 政策与政府关系
    - 渠道
    - 产品差异化
    - 其他

图 3-38 多种方法综合运用的中国奢侈品市场研究案例 2

因为分析框架比较成熟，所以我们可以用 MECE 原则和同一层面原则进行验证。这些因素基本已经覆盖了所有需要研究的问题，彼此也没有重复，并处于同一层面上。因此，行业特征这部分就算拆解完成了。

那接下来就要拆解行业发展情况了，它一般包括发展历史、行业规模和发展趋势三大内容。在本案例中，行业规模与发展趋势是重点，而奢侈品是非常成熟的行业，因此发展历史不用考虑（见图 3-39）。

```
行业发展情况 ─┬─ 发展历史
             ├─ 行业规模 ─┬─ 目前市场规模
             │           └─ 历史市场规模
             └─ 发展趋势 ─┬─ 驱动因素
                         └─ 未来增速/规模预测
```

图 3-39　多种方法综合运用的中国奢侈品市场研究案例 3

同样，我们也要用 MECE 原则与同一层面原则进行验证。

至此，我们针对奢侈品市场概况的研究就拆解完成了。接下来，我们可以用同样的思路，采用自上而下法，利用假设驱动法，完成竞争分析的拆解（见图 3-40）。

```
竞争分析 ─┬─ 竞争对手分析 ─┬─ 竞争对手名单
         │               └─ 竞争对手特点 ─┬─ 竞争对手在国内运营情况
         │                               └─ 竞争对手优劣势分析
         └─ 竞争格局分析 ─┬─ 总体市场格局
                         └─ 细分市场格局
```

图 3-40　多种方法综合运用的中国奢侈品市场研究案例 4

最后一部分是对消费者的分析研究。因为我之前没有做过相关的内容，所以我要采用自下而上法进行拆解。

我把我能想到的点都列出来，比如消费者年龄、学历、收入水平、喜欢什么牌子、愿意出多少钱、在哪里购买等，然后再一一进行归纳总结。

像消费者年龄、学历、收入水平这些其实都在描述消费者的基本属性，因此将它们都归结于消费者属性一项。然后结合其他报告用 MECE 原则进行验证，发现我遗漏了地点和职业这两个属性，于是把这两项加进来。消费者喜欢什么牌子、愿意出多少钱、在哪里购买这几项都属于消费者偏好，因此把它们归为一项。除此以外，消费者偏好可以用客户旅程法这一分析框架进行自上而下的拆解，这一部分的拆解如图 3-41 所示。

```
                        ┌─ 了解 ─┬─ 了解渠道
                        │        └─ 了解品牌
                        │        ┌─ 研究渠道
                        ├─ 喜欢 ─┼─ 偏好品牌
             消费者偏好 ─┤        └─ 偏好价格
                        │        ┌─ 购买品牌
                        ├─ 购买 ─┼─ 购买渠道
                        │        └─ 购买价格
                        └─ 忠诚 ─── 分享渠道
```

图 3-41　多种方法综合运用的中国奢侈品市场研究案例 5

掌控工作

到这里,一个议题树就基本拆解完成了,不过以上列出的都是议题树的各部分,你可以自己尝试拆解一下这个议题树,把各部分拼在一起,最后搭建出一个完整的议题树。

核心知识点

本章是"四步法"的第二步：拆解问题。让我们一起回顾一下本章的重点内容。

议题树是帮助我们拆解问题的重要工具

通过议题树这一工具拆解基础问题，可以将复杂问题转化为许多简单的小议题，便于后续工作的开展。议题树一般会有4~5个层级。基础问题是第一个层级，然后是第二个层级——关键议题。这些关键议题是解决基础问题的支柱。将关键议题拆解就有了第三层级，也就是子议题；然后是第四级、第五级议题，我们统称为细节议题。

议题树的两个基本原则

一是 MECE 原则，即议题与议题之间不能有重复的地方，要相互独立，并且要包含所有内容，不能有遗漏，最终要确保解决了这些小议题之后，就能解决基础问题。二是同一层面原则，即同一议题下的子议题要按照同一维度进行拆解，并要保持在同一个层次上，不能出现高低交错。

拆解议题树的两个基本方法

第一个方法是自下而上法。这个方法适用于比较陌生的领域，你可以通过头脑风暴，将你所想到的散点都列出来，然后将其归纳总结，最后根据 MECE 原则和同一层面原则进行修改完善，得到完整的议题树。

第二个方法是自上而下法。这个方法适用于熟悉的领域，你首次利用直接经验、计算公式、分析框架以及逻辑结构（包括二分法、步骤顺序和构成要素）来搭建你的议题树的主干；其次完善细节；最后根据 MECE 原则和同一层面原则进行修改完善，得到完整的议题树。

在实际工作中，这两个方法需要灵活交替使用。在拆解议题树时，你熟悉的部分可以采用自上而下法，而你不熟悉的部分可以采用自下而上法。

假设驱动法是和以上两个基本方法密不可分的拆解技巧。你可以依靠常识和直觉、经验与知识、向他人求助和查阅资料来建立假设，在"遇事不决""无从展开""毫无头绪""无外界信息"这几种情况时利用假设，帮助你迅速完成议题树拆解。

除此以外，还要运用 80/20 法则去除非关键议题，同时不断迭代和修改议题树，确保议题树可以准确指导执行工作的开展。

04 第三步：执行解决

坏计划也好过没有计划。
——彼德·蒂尔，布莱克·马斯特斯，《从0到1》

针对议题树制订解决方案

如果你在解决问题时严格按照前两个步骤执行，你应该已经把大问题拆解成很多个简单的小议题了，这时候你对面对的问题一定已经了然于胸了。但千万不要以为这时候你就可以动手去做了，因为你离实际上手还有两小步的距离。第一小步就是制订解决方案。

这个道理实际上非常简单，议题树解决的只是"要解决什么问题"，但不涉及"如何解决这些问题"，即使涉及也不明确。

议题树就好比是一张地图，基本问题就是你的目的地，而一个个小议题就是你沿途需要经过的山川、河流、城市、村庄等地点。这张地图并没有告诉你应该如何到达目的地，是开汽车、骑自行车、乘火车还是坐飞机，这些问题议题树都没有解决。有时你需要先去地点A（先解决一个小议题），再去地点B（再解决另一个小议题），最后才能到达目的地（解决基本问题），这个过程中你可能需要换交通工具，比如到A地乘火车，到B地只能步行，再开车去往目的地。

制订解决方案的目的就是告诉你，应该如何一步一步去往沿途的地点（解决一个个小议题），最后到达目的地（解决基本问题）。

制订解决方案的方法很简单，只要针对这些简单的小议题提出解决方案就可以了，然后整理这些解决方案，形成解决方案清单。

不过这里有一点非常重要，那就是你需要区分清楚议题树的类别。议题树按照子议题的形式，分为行动导向型议题树和问题导向型议题树两种。在面对这两种不同的议题树时，制订对应解决方案的方式也是不一样的。

行动导向型议题树

议题树中的每一个议题都是要执行的具体动作或做具体的事情，这种议题树就是行动导向型议题树。因为议题树中的议题本身就是一种解决方案，所以也可以称为"解决方案型议题树"。

之前制作公司宣传PPT的案例，就是典型的行动导向型议题树，你可以从图3-36中看到，这个议题树的每一个分支都是一项具体的行动。

比如，其中有一项议题是收集公司概况材料，包括公司成立时间、成立地点与发展历程。这里的关键议题是收集资料，和你要做的事情一致。再比如，"制作PPT初稿"这一关键议题下的子议题包括梳理故事线、规划每一页PPT的内容、绘制PPT草稿和发给领导审阅修改这几项。这些子议题不需要再经过转化或者重构，直接就讲清楚了你需要做的事情。

这种就是非常典型的行动导向型议题树，每一个子议题都导向一个具体的动作或工作内容。

04 第三步：执行解决

这类议题树在拆解过程中一般会使用到自上而下法中的步骤顺序法。每一个议题都对应解决问题的步骤，最终得到的子议题自然而然都是细分的步骤。因此，在使用步骤顺序法拆解议题树时，拆解过程实际上就是在制订部分解决方案。

> 再来回顾一下图 3-28，我们不难发现，无论是三大关键议题（行程确定，旅行确定，出行与返程），还是其中的子议题（预订机票、酒店，申请年休假，出发坐飞机，等等），都对应的是一个具体动作。

使用其他方法拆解会得到行动导向型议题树吗？答案是有可能，但概率不大。一般应用了步骤顺序法，得到的议题树都是行动导向型议题树；如果过程中完全没有应用到步骤顺序法的思想，则有可能还是以问题本身为导向，得到的只会是问题导向型议题树。

给行动导向型议题树制订解决方案，是一项非常简单的任务。首先你要判断，这些议题是否完全包含了解决方案的两大要素——做什么和怎么做；如果都包含，则可以直接把各项子议题按照步骤和层级顺序形成解决方案清单。

如果议题只包含了"做什么"，没包含"怎么做"，则需要花一些时间，把如何完成这项工作写在议题旁边，形成完整的解决方案，再把这些解决方案按照步骤和层级顺序形成解决方案清单。

> 用制作公司宣传 PPT 的案例进行展开。通过观察议题树（如

图 3-36）不难发现，这里每一项议题都包含了做什么，却没有包含怎么做。因此在制订解决方案时，首先要做的是列清楚每一项议题对应工作的完成方法。

比如"收集公司概况材料"这一项，需要做什么呢？很简单，需要收集公司成立时间、成立地点与发展历程的资料。这时候你要明确的就是如何收集资料。这三项资料一定可以通过公司内网找到，或者向行政部门同事询问。这就是针对这三个细节议题的解决方案。

同样，议题树的其他部分，基本可以直接通过补充"怎么做"来将议题转化为解决方案。有些议题既包含了"做什么"，也包含了"怎么做"，比如制作 PPT 初稿环节中的梳理故事线、规划每一页 PPT 的内容，以及润色 PPT 中的各项子议题，这时候你就可以直接将其列为解决方案。

不过，这里有一点需要提醒一下，有时一些工作看似简单，但完成方法可能包含多个动作，特别是那些需要从多个角度入手，或者需要与多个团队、部门、人员沟通的工作。这时候千万要耐心地将它们一一拆分清楚。如果不拆分清楚，后面在制订工作计划时就很容易忽视相关的工作量，而到了执行阶段可能才发现这里的人员或时间分配少了，进而导致工作进展不顺利甚至失败。

继续来看制作公司宣传 PPT 这个案例。比如收集公司业务资料，如果牵涉到多个产品、多个部门，就可以把解决方案进一步细化为"从各个业务部门收集各产品线的产品与应用资料"。因为不同业务部门有不同的接口人,所以可以再拆解,变成"从业务部门 A 的某某同事处收集 A 产品线的产品与应用资料""从业务部门 B 的某某同事处收集 B 产品线的产品与应用资料",以此类推。这样就能充分体现出详细的工作内容和工作量,避免实际执行时遇到猝不及防的问题。

还有就是解决方案清单要按照一定的层级和步骤进行组织。在行动导向型议题树中,我们可以直接按照议题树的结构来组织,因为议题树本身对应的就是步骤顺序和逻辑。

表 4-1 是制作公司宣传 PPT 案例完整版的解决方案清单,供你参考。

表 4-1 行动导向型议题树的解决方案清单

		工作内容
1		收集材料
	1.1	通过公司内网收集公司成立时间、成立地点与发展历程材料
	1.2	收集各产品线产品与应用材料
		从 A 部门某某同事处收集 A 产品与应用材料
		从 B 部门某某同事处收集 B 产品与应用材料
		从 C 部门某某同事处收集 C 产品与应用材料
	1.3	收集公司资质材料
		从各产品线收集标杆客户材料

（续表）

		工作内容
		从公司内网收集公司荣誉奖励、资质证书与专家资源材料
2	制作 PPT 初稿	
	2.1	梳理故事线
	2.2	规划每一页 PPT 的内容
	2.3	绘制 PPT 的草稿
	2.4	PPT 草稿的审阅和修改
		发送给领导审阅
		修改 PPT 初稿
3	润色 PPT	
	3.1	选择合适 PPT 模板
	3.2	应用 PPT 模板
	3.3	完善 PPT 细节
4	审阅并修改	
	4.1	发送给领导审阅
	4.2	修改 PPT 并定稿

这里，你也可以尝试我之前举过的例子，将解决方案清单中的其他议题进一步拆解，比如，绘制 **PPT** 的草稿、完善细节这几项都是可以进一步细化的。

整体来看，行动导向型议题树解决方案的制订方法比较简单直接，因为拆解议题树的过程实际上已经为解决方案清单做了大部分工作，接下来真正的难点则是制订问题导向型议题树的解决方案清单。

问题导向型议题树

问题导向型议题树是与行动导向型议题树相对的概念（这里实际上也是二分法的一种应用）。这种议题树与前一种最大的差异就在于，它的每一个议题都代表了一个小问题，不能直接作为解决方案，而需要进行重新提炼和设计解决方案。

制定这种议题树解决方案清单，你需要首先思考每一个小议题的解法，然后将其中相似的部分组合在一起，才能列出解决方案清单。因此需要遵循一定的步骤和方法。

第一步：针对每一个小议题制订出相应的解决方案

同样，解决方案需要包含"做什么"和"怎么做"两大要素。在格式上，你可以直接把解决方案写在议题树旁边。

这一步难度实际上并不大。虽然需要解决的小议题比较多（如果是一个大项目，小议题可能会到达上百个；如果是一个小任务，可能只有 10~20 个），但因为都已经被拆解得非常细，解决难度已经足够低，不再像基础问题那样让人难以下手。

以公众号涨粉议题树为例。我们这里只选取线上部分来制订解决方案，你可以先参考图 4-1，这是该议题树的线上部分。

"自行宣传"这一项，你要做的就是把公众号或者文章直接转发进各微信群以及把文章转发至朋友圈。这里"转发文章或公众号"就是"做什么","进各微信群和朋友圈"就是"怎么做"。

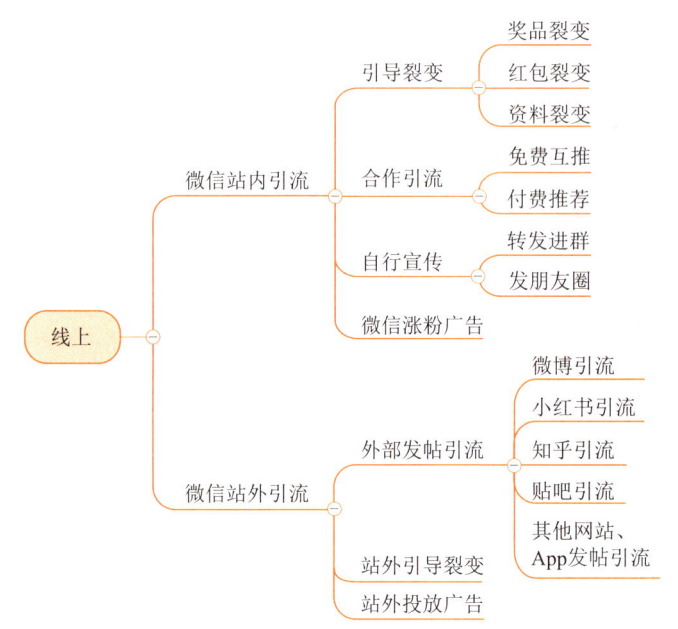

```
                            ┌─ 奖品裂变
                ┌─ 引导裂变 ─┼─ 红包裂变
                │           └─ 资料裂变
                │
     微信站内引流 ┼─ 合作引流 ─┬─ 免费互推
                │           └─ 付费推荐
                │
                ├─ 自行宣传 ─┬─ 转发进群
线上 ─┤          │           └─ 发朋友圈
                │
                └─ 微信涨粉广告
                
                            ┌─ 微博引流
                            ├─ 小红书引流
                ┌─ 外部发帖引流 ┼─ 知乎引流
                │           ├─ 贴吧引流
     微信站外引流 ┤           └─ 其他网站、App发帖引流
                │
                ├─ 站外引导裂变
                └─ 站外投放广告
```

图 4-1 问题导向型议题树的公众号涨粉案例

在制订解决方案时,针对那些需要多动作完成、跨部门沟通的任务,尽可能拆解得详细一些。

比如在公众号涨粉议题树中,有个议题叫作"其他网站",这看似只需要去其他网站上发个帖子就行了,貌似属于行动导向型议题。一旦深究其内涵,你就会发现事情并不简单。去其他网站推广，需要寻找合适的平台和渠道。比如你如果运营的是情感类公众号，那发到教育类的百度贴吧显然是不合适的，因为那里没有你想要的目标人群。

同样，在公众号"免费互推"这一议题中，你也要对互推号做筛选和甄别，假如你是一个情感类公众号，显然不能找一个军事题材的公众号转发你的文章。

如果你想投广告，无论是站内投放还是站外投放，你需要想清楚你投放的广告素材是单纯的图片二维码，还是文章的形式？到底应该投放在哪个广告位？应该准备多少预算？达到什么样的效果？这些细节问题都要考虑。

问题导向型议题树由于本身逻辑复杂，在制订解决方案时也需要更加深入的思考与筹划，这些内容在某种意义上也是议题树的延续。这也是在拆解议题树时，如果可以做到深入，则越深入越好的原因。前期工作做足了，后面的工作相应地就会轻松一些。

第二步：归纳总结解决方案

再以公众号涨粉为例。刚刚提到过"其他网站"这个议题，寻找合适的推广渠道是一项重要工作；在做免费互推时，这项工作同样也要做（虽然渠道可能不一样，但方法和思路是一样的）。同样，你在转发微信群时也需要考虑微信群的属性，一篇活泼搞笑的文章，显然不适合转进特别严肃的工作群，特别是有客户或者高层领导的群。

因此，找合适的分发渠道是横跨各个议题都需要做的一件工作，在制订解决方案时需要进一步整合。

在投放广告时，站内投放和站外投放虽然广告位不一样，广告素材可能也会有所差异，但考虑的事情是一样的。这些工作也需要横跨两个议题，在制订解决方案时就需要整合到一起。

同样，在百度贴吧发帖子需要内容，发微博需要内容，找其他公众号推广也需要内容，你不可能让每一个推广人员都写一篇不一样的原创文章，那样效率太低了，你应该把所有内容创作的工作整合到一起。

我相信你不难发现，问题导向型议题的特点在于，同一个议题包含了多项行动，而不同议题之间可能会有大量重复或类似的行动条目，这就需要对这些相似的解决方案进行整合。这个过程有点类似于拆解议题树自上而下法中的"归纳总结"的思路，你需要找到其中的共性进行归纳总结。不过这里的难度显然较低，因为解决方案的相似性往往一目了然。

继续用公众号涨粉的例子来加以说明。把每一个涨粉举动进行拆解，你就不难发现，每一个涨粉措施都要涉及几项行动：

第一，投放平台选择，也就是要寻找符合目标用户特征的流量，无论它是微信大号、微博大V、百度贴吧还是其他渠道。

第二，内容创作，也就是要创作出符合公众号主题并且抓人眼球的内容。这些内容可以同时分发到不同的平台上，也可以作为广告素材发到合适的广告位。

第三，在具体的执行工作中，比如公众号免费互推，需要联系其他公众号，商量好排期和内容；又比如微博引流，需要明确应该在哪些地方发送内容，如何与微博用户互动等；再比如广告投放，需要设置好用户画像和目标价格，以及自己的预算。

以上这几点剖析之后，你就有了一张初始的解决方案清单了。

第三步：修改和完善解决方案清单

因为解决方案往往会有一定的先后顺序，你需要按照步骤顺序将初始的解决方案清单从上到下、从高到低梳理清楚（就好像梳理一个步骤顺序法议题树一样）。

你可能会有疑问，既然都需要这些步骤，为什么不直接在搭建议题树时一步到位，形成解决方案呢？答案很简单，问题导向型议题树往往非常复杂，有一定深度，在最开始拆解议题树时你很难有意识去横跨不同议题去提炼这些解决方案。

比如，你如果不熟悉公众号运营，怎么会想到投放平台选择、内容创作这些事情呢？这些事情一定是你在拆解完议题树后，制订解决方案时才能想到。

当你对某项工作非常熟悉时，不再需要通过这么曲折的方法寻找答案，你就可以直接用步骤顺序法来拆解议题树，先做什么、后做什么写得清清楚楚，不需要做这些制订解决方案的额外步骤了。

在制订好解决方案之后，你就可以进入执行工作前的最后一个小步骤——工作计划了。

制订工作计划

有了解决方案清单就可以直接动手去做吗？答案是否定的。

谁来做、做多少、哪一天开始做、哪一天要完成……这些问题都是议题树或者解决方案清单无法回答的。回答这些问题，要依赖工作计划。

我们说过，议题树好比一张地图，标明了最后的终点（基本问题）和需要经过的地点（子议题）。解决方案清单就是告诉你，到达一个个地点需要使用什么样的交通工具。

工作计划就像是一份日程表，告诉你哪一天应该到达什么地点，哪一天需要抵达最后的终点。而且这个过程并不一定是你一个人的旅程，还有可能是接力赛，这时候工作计划就会清楚地指明，哪一段路需要由哪一个人来完成。

许多人在做事时都没有制订计划的习惯。有些人觉得，所有步骤都存在脑子里，不需要落在纸面上；有些人干脆觉得计划完全多余，做事前不需要计划。

这样的思维往往会导致在实际执行过程中人手不足、项目延期，或者遇到始料未及的风险，最终导致工作进展不顺利甚至失败。

工作计划的要点

首先我们来了解一下工作计划的基本定义。

工作计划实际上就是未来一段时间内，围绕某一个具体工作目标的规划。在本书中，工作计划就是为了完成基础问题而制订的时间规划和人员安排。因此一份完整的工作计划应该包含四大核心要点，即工作内容、人员分工、时间进度、工作目标，以及两大重点元素，即资源需求和风险预估。

四大核心要点

"工作内容"非常好理解，按照解决方案清单罗列就好了。把这项内容放在工作计划中，实际上就明确了"做什么"和"怎么做"两大要素，不至于使工作跑偏。

"人员分工"与工作内容相对应，就是某一项工作具体由谁来做，由谁负责。一个大项目一般会分不同的工作模块，每个模块会有一个组长和几个组员。组长是这个模块的负责人，而组员则是模块下做具体工作的执行人。把每一项工作安排到人，也便于后续的管理与追踪，同时避免某一项工作无人去做，进而导致工作失败。

"时间进度"就是一项工作需要多长时间来完成。执行时还需要关注每一项工作是否按期完成，是否有延期的情况发生；除此以外，还需要在工作计划中列出关键时间节点，这里一般是汇报点或者复盘点。每个大型项目基本上都会有几个汇报点或者复盘点用来回顾项目的进展，并反思工作是否有可以改进的地方。

"工作目标"中的"目标"不同于最终目标（解决基本问题），而是每一项工作最终实现的成果。换句话说，除了工作内容规定的"做什么"和"怎么做"外，还需要明确"做成什么样"，这就是工作目标。工作目标的意义在于明确了某一项具体工作的具体目标，避免了只有总目标（基本问题）的尴尬。一般情况下，工作计划只需要对重点工作明确限定工作目标，而那些非重点工作，则可以比较简单地规定目标，甚至不用落实到纸面。

至于如何识别重点工作，可以通过估算各项工作对于总目标的影响程度来判断。不过经历了拆解议题树和制订解决方案清单的步骤，我相信你可以非常轻松地判断出哪些工作是至关重要的。

图4-2就是一个咨询项目的工作计划，你可以看出，这个工作计划有详细的工作内容以及对应的负责人，还有时间安排以及各个重要时间节点的安排。除此以外，它也注明了每一项工作内容的进度情况。

两大重点元素

资源需求和风险预估这两个重点元素虽然不会直接出现在工作计划表中，但如果一开始没有规划好，也会导致非常严重的后果。

先来看资源需求。为了完成某项任务，除了人员外，可能还需要资金、设备、技术、权限等有形或无形的资源支持，这就需要在制订工作计划时都考虑清楚，统一申请。

04 第三步：执行解决

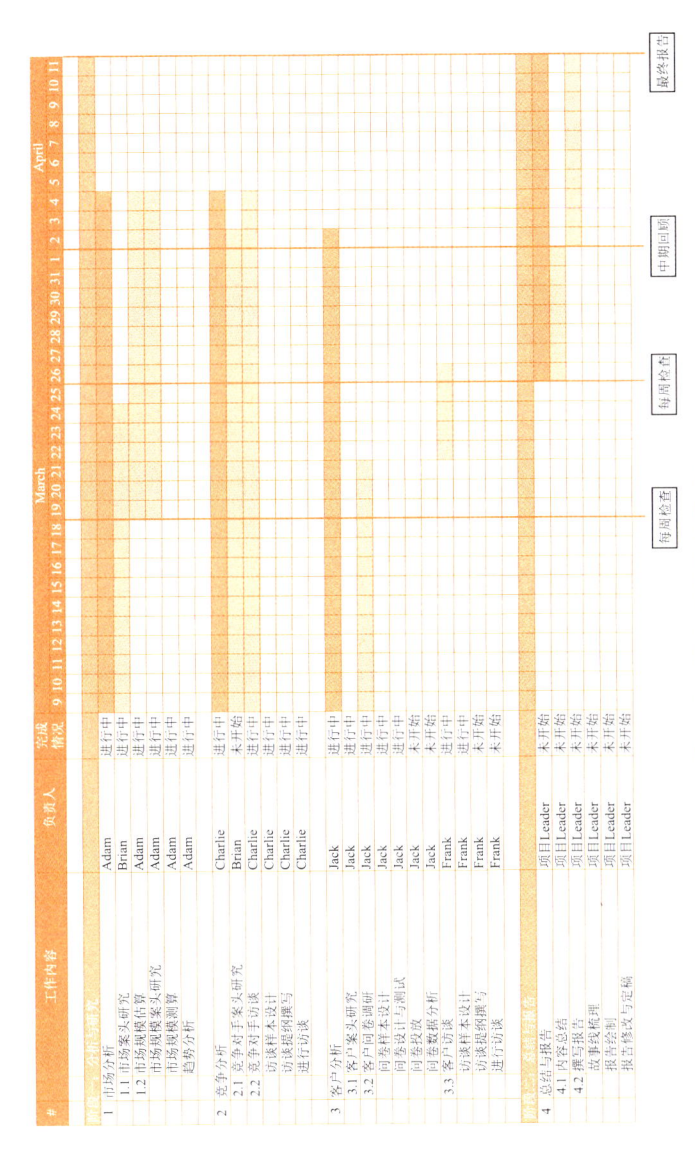

#	工作内容	负责人	完成情况	March 9-31	April 1-11			
				每周检查	每周检查	中期回顾	最终报告	
1	市场分析	Adam	进行中					
1.1	市场规模估算	Brian	进行中					
1.2	市场规模案头研究	Adam	进行中					
	市场规模测算	Adam	进行中					
	趋势分析	Adam	进行中					
2	竞争分析	Charlie	进行中					
2.1	竞争对手案头研究	Brian	未开始					
2.2	竞争对手访谈	Charlie	进行中					
	访谈样本设计	Charlie	进行中					
	访谈提纲撰写	Charlie	进行中					
	进行访谈	Charlie	进行中					
3	客户分析	Jack	进行中					
3.1	客户案头研究	Jack	进行中					
3.2	客户问卷调研	Jack	进行中					
	问卷样本设计	Jack	进行中					
	问卷设计与测试	Jack	进行中					
	问卷投放	Jack	未开始					
	问卷数据分析	Jack	未开始					
3.3	客户访谈	Frank	进行中					
	访谈样本设计	Frank	进行中					
	访谈提纲撰写	Frank	未开始					
	进行访谈	Frank	未开始					
4	总结与报告	项目Leader	未开始					
4.1	内容总结	项目Leader	未开始					
4.2	撰写报告	项目Leader	未开始					
	故事线梳理	项目Leader	未开始					
	报告绘制	项目Leader	未开始					
	报告修改与定稿	项目Leader	未开始					

图 4-2 某咨询项目的工作计划

再来看风险预估。每一项工作都会存在各种各样的风险，比如最近的中美贸易摩擦就属于政策风险，农业则易遭受因天气影响而产生的自然风险，以及无法如期完成的风险。在制订工作计划时，一般需要考虑缓冲风险的影响。

以上这两项内容不一定体现在工作计划中，但项目负责人一般都会以其他形式记录下来，从而做到有所准备，遇事不慌。

如何制订工作计划

在搞清楚工作计划是什么、工作计划包含了什么之后，就可以根据解决方案清单来制订工作计划了。制订一份完善的工作计划需要四步。

第一步：确定各项工作目标，估算工作量

之前已经提过，针对那些重要工作，目标一定要规定明确，才能准确估算工作量；而针对那些非重要工作，简单规定其工作目标即可（一般解决难度也不大，不需要花费很多时间来解决）。以此为基础，就可以对解决方案清单上每一个细小的解决方案条目进行工作量估算。

这一步至关重要，一旦工作量估算有偏差，就很有可能出现工作延期的情况。

大部分工作的工作量比较好估算，但难免会遇到难以估算的情况，这时候就可以寻求一定的外部帮助，比如向有经验的人求助，帮助你确定工作量。这里有一个小技巧，那就是对所有工作的工作量都要进行一定程度的"高估"，这样在制订工作计划时才能留出充分的缓冲空间，避免项目延期。

第二步：对各项工作进行排序

这里的排序依据主要包括先后顺序和重要程度。

这两点非常好理解。首先，很多工作是有先后之分的，必须先完成某项工作，才能继续开展后续工作，因此先后顺序是首先要考虑的因素。其次，一般情况下都要先做重要工作，而非重要工作略向后放，这样能确保重要工作可以充分完成。

通过这两个因素，就可以大致排出工作的先后顺序。

第三步：确定时间规划，同时把各项工作指派给各个项目负责人

之所以在这个步骤中同时完成时间和人员的安排，是因为人员和工作量之间是紧密联系的。

有些工作虽然工作量大，但是可以通过增加人员来实现，比如一些需要大量重复动作的工作，就可以通过增加人员来缩短时间。而有些工作看似工作量不大，但可能只能由同一个团队甚至同一个人来负责，比如一些需要连续性思考和分析的工作，中途不太好换人。这时候就要充分考虑人员和工作量之间的配比关系。

我在战略分析的工作过程中，少不了要进行案头研究、访谈调研、数据分析乃至实地走访的工作，当然也少不了制作PPT之类的工作。

这几类工作中，访谈调研和实地走访工作可以通过增加人员来迅速完成。以访谈调研来说，访谈对象是行业专家，而这些专家都有专门的联系渠道，所以主要工作都在访谈上。每次访谈时间1~2小时不等，如果让一个人来做，他一天的工作时间是有

限的；如果同时让3~5个人访谈多个专家，效率就一下子上来了。实地走访也是类似，让同一个人走访多个地方需要花费许多时间，特别是有些时间浪费在交通上，而同时安排多人进行走访，时间就会大大缩短。

而像数据分析这种工作，因为分析思路有非常强的连续性，不同的人在使用Excel或其他分析工具时也有不同的习惯，很难中途换人，只能让同一个人负责到底。

而制作PPT的工作，则必须让做了相应研究的人去制作，也很难中途换人。

因此，在进行人员和时间安排时，首先就要结合第一个步骤中估算出来的工作量与不同类型工作的特点，以及第二个步骤中确定的先后顺序，最终确定工作时间和人员的安排。当然也要权衡总工作时间、可以调动的人力以及相关人员的能力。

这里没有固定的方法帮助你完成这一步骤，但你要意识到，你在一个团队内工作并不是孤立无援的，你可以找团队内比较资深的同事，你们一起根据时间、人力、成员能力探讨出一个合理的方案。

不仅如此，在这一步中，你还可以根据解决方案清单进一步把整体工作分成若干模块，给每个模块配一个负责人，由一个比较资深的同事独立负责，同时带几个经验较少的员工执行具体工作，这样更方便项目的管理。

除此以外，这个步骤在执行时千万别忘了一些关键节点，比如项目汇报、系统上线等关键里程碑。一个项目中，一般每2~4周会设置

04 第三步：执行解决

一个里程碑，这些里程碑也是关键的复盘点，为正确推进工作保驾护航（复盘的相关知识会在下一章详细讲解）。

这里有三个注意点。

第一，针对那些重要工作，要充分考虑留下一个补救时间作为缓冲，给工作上一道"保险"。

第二，在安排每个人的工作时也要结合个人能力，考虑到他们的工作负荷，不要让某个成员在某段时间里"太忙"或"太闲"。

第三，有些工作虽然有前后顺序，但是在前一道工序执行时，后一道工序就可以开展一些工作了，要充分利用好这些点，尽可能地向前抢时间进度。

以制作公司宣传PPT的项目为例。如果有一个团队和你一起完成这份PPT，你首先要做的无疑是确定工作目标。在解决方案清单中，有些条目本身就比较明确，比如"收集标杆客户材料"。有些条目非常重要，但目标不够明确，比如公司主要产品的材料需要包括哪些内容就不明确，因此需要补全（可以参考表4-2中1.2的括号部分）。同理，"规划每一页PPT的内容"，到底需要精确到什么程度也需要明确的工作目标。有了以上基础，就可以根据这些工作估算工作量。

做好第一步之后，就可以进入第二步——对各项工作进行排序了。显然整个项目的完成过程有明显的先后顺序，且每个步骤都非常重要，因此直接根据现有顺序排序即可。

进入第三步后，你可以把工作分成三个核心模块——收集材料、制作 PPT 初稿和润色 PPT，这三个模块可以分别找比较擅长的同事担任负责人。比如收集材料模块，可以让平时写材料比较多、对公司业务熟悉的同事来担纲；制作 PPT 初稿模块要找逻辑思维强、有制作 PPT 经验，特别是受到过领导表扬的同事负责；而润色 PPT 模块则要找审美好的同事负责，最好是设计师。最终定稿则一定是由你自己，也就是项目经理来把关。你可以和这几个模块的负责人共同商量人员的安排，确定最终的时间进度（见表 4-2）。

表 4-2　制订工作计划的制作公司宣传 PPT 案例

	工作内容		负责人	1	2	3	4	5	6	7	8	9	10
1	收集材料		负责人A	■	■	■							
	1.1	从公司内网收集公司成立时间、成立地点与发展历程材料	小明	■									
	1.2	收集各产品线产品与应用领域材料	小张	■	■								
		从A部门某某同事处收集A产品与应用领域材料（需要包括详细产品介绍、技术参数、标杆客户和典型案例）	小张	■									
		从B部门某某同事处收集B产品与应用领域材料	小张	■									
		从C部门某某同事处收集C产品与应用领域材料	小张	■									
	1.3	收集公司资质证书材料	小李	■	■								
		从各产品线收集标杆客户材料	小李		■								

（续表）

	工作内容	负责人	1	2	3	4	5	6	7	8	9	10
	从公司内网购收集公司荣誉奖励、资质证书与专家资源材料	小李										
2	制作PPT初稿	负责人B										
2.1	梳理故事线	小华										
2.2	规划每一页PPT的内容（需要精确到每一页具体的内容方向、排版布局与图片素材）	小华										
2.3	绘制PPT的草稿	小华,小赵										
2.4	PPT草稿的审阅与修改（可能需要3~5次审阅与修改）	负责人B										
	发送给领导审阅	负责人B										
	修改PPT草稿	负责人B										
3	润色PPT	负责人C										
3.1	选择合适模板	小孙										
3.2	应用模板	小孙										
3.3	完善细节	负责人C										
4	最终定稿（可能需要3~5次审阅与修改）	项目经理										
4.1	发送给领导审阅	项目经理										
4.2	修改PPT并定稿	项目经理										

不过，时间安排并不是一成不变的，在实际工作中，也可以随时进行调整，只要确保按时完成即可。

针对一些大工作计划无法一一囊括的细分工作项，你还可以再列出一个小工作计划。

在制作公司宣传 PPT 案例中，规划每一页 PPT 的内容这一工作项实际可以进行细致的分工，让项目组每一个成员都参与进来，提高效率。这样的计划不一定要放到总体的工作计划表里，而是可以直接在 PPT 的框架中标明。

当某个项目只有你一个人工作时，可以采用一种"投机取巧"的方式，就是从任务的截止时间倒推时间安排（这时候不需要考虑人员安排，因为是你一个人完成所有工作）。

再以制作公司宣传 PPT 为例。假设完成这个任务只有你一个人，这时你可以根据领导给你的截止时间来倒推。比如领导给了你两周时间，也就是 10 个工作日，你可以简单地倒推出第五天或者第六天必须完成制作该 PPT，后面几天进行润色与审阅修改。最终得出的计划和之前一个团队完成的计划大同小异。

第四步：通盘考虑项目可能出现的所有风险，并提出预案

做完以上三个步骤，你已经有了一份比较完整的工作计划了，而最后一步就是要通盘考虑项目可能出现的所有风险，并提出预案。这

里并没有一个通用的方法。之前也提过,我们可以从行业特点和项目人员两个维度综合考虑。

> 以我之前做过的中国奢侈品市场研究为例。
> 首先,制订解决方案。
> 仔细观察议题树后我们不难发现,这是一个典型的问题导向型议题树。这里的大部分议题都不能直接作为解决方案。比如估算"目前市场规模"这一项(见图3-39),需要调用数据库中的数据,或者通过对行业专家的访谈得到。同理,对各个奢侈品品牌和集团的研究,既可以直接访谈这些公司的工作人员,也可以分析其上市财报,并结合其官网信息得到。
> 大部分议题都可以通过案头研究、访谈类研究中的用户访谈和实地走访等几项工作获得,而针对行业规模及未来发展趋势预估则需要搭建数据模型进行估算。由于本项目时间非常紧张(一周),用户访谈和实地走访基本来不及,因此我主要的工作就应该包括案头研究、访谈研究和模型估算。
> 于是,我把每一个议题的解决方案都列出来,然后将它们提炼成三大解决方案,即案头研究、访谈研究和模型估算,最后再增加一项制作报告。
> 其次,细化工作。
> 比如,访谈研究需要访谈奢侈品品牌方和消费者,这两类群体的访谈方式是不一样的:奢侈品品牌方需要通过第三方中介花钱进行一对一约访;消费者调研则需要通过调研公司,进行电话

约访和焦点小组讨论。同样，案头研究也需要针对市场信息、品牌信息及消费者信息分别进行研究。有了这样一张解决方案清单，接下来只需要估算工作量以及人员安排，就可以制订工作计划了。

合伙人也给我安排了两个助理，帮助我一起完成工作，于是我分别给他们安排了较为简单的案头研究和访谈研究的工作，并做出对应的时间安排。具体的工作计划可以参考表4–3。

表4–3 制订工作计划的中国奢侈品市场研究案例

#	工作内容		负责人	1	2	3	4	5
阶段一：分析与研究								
1	案头研究		AA					
	1.1	奢侈品市场案头研究	AA					
	1.2	奢侈品品牌案头研究	AA					
	1.3	奢侈品消费者案头研究	BB					
2	访谈研究		BB					
	2.1	竞争对手访谈	AA					
		访谈样本设计	AA					
		访谈提纲撰写	AA					
		进行访谈	AA					
	2.2	消费者访谈	BB					
		访谈样本设计	BB					
		访谈提纲撰写	BB					
		进行访谈	BB					

04 第三步：执行解决

（续表）

#		工作内容	负责人	1	2	3	4	5
3	模型估算		Etesian			■	■	
	3.1	模型搭建	Etesian					
	3.2	关键假设分析	Etesian					
	3.3	模型调整与修改	Etesian					
4	总结与报告		Etesian				■	■
	4.1	内容总结	Etesian					
	4.2	撰写报告	Etesian					
		故事线梳理	Etesian					
		报告绘制	Etesian					
		报告修改与定稿	Etesian					

以上所有的步骤基本都是在一天内完成的，完成之后基本已经到了半夜。接下来的4天时间，我们就根据工作计划不断向前推进即可。

工作执行

"千呼万唤始出来",终于在所有的准备工作都完成后,进入真正的执行环节了。

如果说之前的各步骤是在为远航定下目标、确定路线、购买船只、招募人员,并制订航海计划,做最后的准备工作,那这一步终于到了扬帆起航的时刻了。无论你的目标是深海的鱼群、海盗的宝藏,还是发现新大陆,这都是非常激动人心的一刻。但你千万别激动得太早,在执行过程中同样要面对诸多险阻。

在执行过程中,有一件事需要时刻保持警惕,那就是工作进度的管理与追踪。

执行环节常见问题

我见过不少企业项目,最初规划时踌躇满志,工作计划巨细无遗,而偏偏是在执行时出现了一些问题,致使最终工作没有达到预期。

我也见过不少咨询公司的项目,用非常科学的方法拆解议题树,各项议题也非常清晰,项目开始前志得意满,最终也是执行时出现了问题,导致项目延期,甚至引起客户的不满。

那么这些项目哪里出了问题，导致这些严重的后果呢？如果去除项目规划期（目标确认，议题树搭建，制订工作计划）导致的问题，只聚焦在执行环节，一般项目的失败有几种原因：第一，解决方案运用错误，最终指向了错误的结果；第二，项目遇到风险，虽然有风险预案，但并未有效实施；第三，项目中途换人，导致项目动荡。

这三个原因归根到底还是执行上出了问题，而执行上出的问题往往都是因为工作管理和追踪出了问题。

工作执行最重要的三件事

一项任务，即使之前议题树、工作计划拆解得非常完美，在实际执行之前可能也就完成了 10%。真正的挑战是工作执行环节，特别是大型项目的组织、协调、监控和管理，是一件非常困难的事情。

但这并不意味着到了实际执行环节，之前搭建的议题树和制订的工作计划就可以束之高阁了。特别是工作计划，无论你是一个项目的管理者还是执行者，在执行环节，你最强大的武器就是工作计划。

在执行环节，由于各类工作都有各自的特点，因此很难一概而论，但是有三件事情是一定要做，并且要做好的。做好了这三件事，基本可以确保你的工作总体顺利。

定期追踪进度

这里可以采用多种追踪进度手段结合的方式，起到追踪和督促的作用。

最常见、最基础的就是周报、双周报、月报几种定期汇报的形式。

但在大部分项目中，这些定期汇报都流于形式和表面，缺乏追踪作用。究其原因不外乎两种情况：一种情况是定期报告过于详细，阅读时很难抓住重点，反而迷失在茫茫的细节里，这就失去了追踪的作用。

另一种情况则是定期报告过于形式化，比如过于强调量化，过于强调列清条目，而在实际工作中可能并不一定是按照这些死板的格式开展的。

好的定期报告，应该具备以下两个特征：

1. 详略得当，重点突出

定期报告的目的是追踪进度，因此并不需要列出非常多的细节，更需要做的是直接点明与目标之间的距离，并说明该进度是超前还是延期。

2. 目标明确

定期汇报除了监控进度，还承载了暴露风险、寻求资源帮助等目的。这些目的在定期报告中一定要展现清楚，必要的情况必须向上反映，重点提示。但前提是一定要搞清楚这些定期汇报的阅读人。

我在不同的公司和各种业务团队合作过，我发现了一个非常有趣的现象，往往周报、月报写得好的团队，业绩都非常好；相反，周报、月报写成一笔糊涂账的团队，往往业绩也不尽如人意。

先举一个正面案例。

A团队是某公司业绩最好的销售团队之一，这个团队的周报（向上级领导，以邮件形式）非常简略：

首先，开宗名义：本周完成销售收入××万元，当月完成共计××万元；月度目标进度××%，超前还是落后；季度目标进度××%；年度目标进度××%。

其次，挑选一些重点的客户和订单进行梳理。这里没有固定格式，但同样陈述得非常清楚，不会把一些不重要客户专门拎出来讲。

最后，列出当前面临的问题，比如财务流程、系统支持等。如果需要向上反映解决，则会说明将和哪位领导、在什么场合沟通此事。

除此以外，他们还会附上一个Excel附件，详细列明各个行业、各个客户的销售情况，包括截至目前的本月、本季度以及本年的情况。

整封邮件没有一句废话，目标明确，重点清晰，所有细节都放到附件里。领导日理万机，有时间就看，没时间就可以不看。

再举一个反面案例。

B团队是这家公司另一个销售团队，一直在公司内处于"吊车尾"的水平。这个团队成员在给领导发周报时，有的是把所有细节统统往上堆，有的是特别简短写了几句话，而最重要的销售收入完成情况经常语焉不详。而这位团队负责人也没有认真抓销售收入目标，从而导致许多下属敷衍了事，最终导致业绩一直上不去。

如果你是项目负责人，在制定这些定期报告模板时一定要有所侧重，确定这个项目中最关键的指标是什么，以此为中心制定模板，而那些不重要的内容则留给项目成员一些灵活性，让他们自由发挥。这样，除了依靠之前的工作计划，在执行中你也获得了定期报告这一新的抓手，从而引导项目成员向关键指标努力。

除了定期的书面报告，在里程碑节点的汇报同样非常关键。这些汇报往往所有参与项目的人都会参加，同时也会有高层领导参加，是挖掘问题、反映问题、申请资源的好机会。

在组织里程碑节点汇报时，可以用回顾目标、评估结果的方法，来判断当前的工作进度与工作成果。这涉及一些"总结复盘"中的方法，下一章再详细讲解。

不定期沟通进度

除了以上正式的沟通汇报，非正式、不定期的沟通也同样非常重要。无论你的角色是项目负责人还是项目成员，都要利用好这个方法，有时，不定期沟通甚至比定期追踪更加关键。

如果你的角色是项目成员，不定期和项目负责人沟通你目前的进度，不仅可以让项目负责人对你产生信任感，认为你是勤奋的员工，更可以在沟通中让他给予你一定的指导，分配给你更多的资源，让你更顺利地完成任务。

无论是书面报告还是里程碑节点汇报，这些定期追踪形式都非常正式，如果你工作完成得有所缺漏，一下子就会暴露在所有人面前。对你个人而言，你是在"犯错"，并且是被记录在案的错误。相反，如果是在不定期沟通中发现这些问题，那么还有补救的余地。

04 第三步：执行解决

我发现一些年轻员工，平日不注意汇报工作，最后只给上级或者客户一个结论，而这个结论可能和最开始的目标南辕北辙。我在初入职场时就犯过这样的错误，努力了好几天，又不和领导沟通，最终汇报时发现无论是方法还是结果，都不是领导想要的。我非常理解新员工因为害怕被批评、害怕犯错而逃避这种非正式、不定期的沟通，不愿意主动去找领导，但是，和正式汇报中的犯错、被批评比起来，这种批评又算得了什么呢？

逼迫自己去与领导沟通，你可以先自己对照工作计划进行充分反思，看自己哪里做得好，哪里做得不够好；哪里需要一些点拨，哪里需要更多的资源支持。这些都是你在沟通前可以自己预演的关键点。在这个过程中，你也可以对工作任务有更加深刻的理解，帮助你优化未来的工作。

因此，如果你是项目成员，我鼓励你与项目负责人高频次沟通，大小事都可以沟通。也许你认为的小事就是你没有意识到的盲点，而这样的沟通就是帮助你扫盲的过程，真正意义上避免你犯错。

如果你是项目负责人，同样需要不定期地找项目成员进行沟通。

首先，这种频繁的、不定期的沟通可以让你对项目进度随时把控，特别是对全局的把控。如果单纯依赖定期追踪，时间间隔太长，容易对项目失去控制。

其次，在沟通中，你可以最早、最快地发现不同模块工作中的问题，为项目成员指明正确方向。不仅如此，你还可以提早识别风险，尽早拿出应对方案，不至于让风险扩大到不可收拾。

最后，要主动找项目成员沟通，避免他们因为畏惧而放弃与你沟通的机会。

在沟通前后,作为项目负责人的人都要仔细揣摩工作计划,思考诸如时间分配是否合理、进度分配是否合理、人员分工是否合理、资源是否欠缺、风险是否存在等问题,从而更好地利用项目的人力、物力资源,科学合理地安排时间进度。

及时发现问题,及时补救

无论是定期追踪进度还是不定期的频繁沟通,都是为项目保驾护航,确保项目朝着正确的方向发展。因此,在发现问题时,要进行及时补救。

一般情况下,项目执行中可能会面临几种问题:最常见的莫过于延期;其次是工作方向发生偏移,与既定目标不一致;还有就是工作方法错误,导致无法完成目标。

解决这三种问题,首先要当机立断提出补救措施,避免出现更大的问题;其次要分析背后原因,找到根因,从而彻底根除,比如加人、换人、增加资源投入等。挖掘根因的方法会在下一章详细讲解。

还有两类问题属于系统性原因:一种是风险,另一种是临时改变目标。前一种问题可以依靠完善的风险预案来对冲,而后一种问题则可能需要对工作内容重新进行分析与安排。

工作执行中的关键原则

在工作执行的过程中,想要做好以上三点并不容易。项目管理者只有同时考虑到以下几个重要原则,才能确保工作顺利进行。

保持顺畅的沟通

我们已经知道，定期追踪与不定期沟通是两件非常重要的事情，项目管理者需要在项目执行过程中做好两件事，确保沟通的顺畅。

1. 营造轻松的沟通氛围，特别是非正式沟通

可以把非正式沟通选在办公室以外的场合，比如上下班的电梯、出门用餐的间隙，或者干脆在楼下咖啡厅来一次下午茶闲聊。尽量用这些外部环境来影响项目成员，让他们敢说、主动说。在沟通过程中，要尽量少批评，多鼓励。

试想一下，如果办公室内是一片肃杀的氛围，那么项目成员无论汇报什么内容，都会被项目负责人以各种方式挑剔，用不了多久，项目成员应该就都不敢主动说话了，只能在正式沟通时应付差事。

2."广开言路"

可以用多种方式进行沟通，不一定需要面对面，比如电话、微信语音、邮件，甚至是内网聊天软件。不同类型的成员可以选择自己最舒服的沟通方式。

以上都是在项目组内的沟通。而对项目管理者来说，对外沟通也同样重要。这包括与上级领导的沟通、与客户的沟通，有些时候可能还涉及与合作伙伴的沟通。这时同样要遵循高频次、正式沟通与非正式沟通相结合的原则，不要给这些外部角色，特别是利益相关方（高层领导、客户）"惊喜"。

对于项目管理者来说，如果没有一个清晰而明确的沟通，那么项目的混乱和无序将接踵而至。

管理好利益相关方

在很多项目中,利益相关方是项目的支持者和项目资源的提供者。项目中的利益相关者如果管理得当,会对项目进行良好的推动;如果管理失法,则会对项目产生不可挽回的损失。

我们已经提到,项目管理者需要保证与上级领导、客户这些核心利益相关方的沟通。这对项目管理者来说可能存在一些挑战,特别是当利益相关方比较多时,项目管理者如果因为忙于项目而忽视了部分相关方,可能会严重影响到项目的进展。这时候,就要做好利益相关者的分类管理,确定各自的角色和重要性,然后制订沟通计划,确保和他们进行及时沟通,避免疏漏。

利用项目管理工具提升管理效率

前几年在做项目管理时,工具少得可怜,更多的是依靠邮件、PPT 和 Excel 来实现项目追踪管理的工作。

我记得早些年在一些大的咨询项目中(参与人数超过 10 人),往往会专门设立一个 PMO(项目管理办公室)的角色,协助项目经理和项目总监进行项目管理。那时候项目管理主要就靠开会、PPT 和邮件(周报,日报),整体效率并不高,而且不同工作模块之间往往缺乏交流,不知道对方在做什么。

而现在市面上已经涌现出了各种各样团队协作、项目管理的软件,团队成员可以实时更新工作进度,还能自动生成项目总体进度的数据看板。整个进度、各成员的工作内容对整个项目组成员都是清晰可见的。

因此,当下在进行项目管理时,可以充分利用这些现成的项目工具。

首先，可以把整个工作计划搬上网络，这样每个人可以直接从工作计划中领任务，非常方便工作项目的增减，便于项目经理分配工作。同时，每个人也可以看到他人的任务，不同成员可以自发地进行合作交流。

其次，每一项工作进度都可以实时更新，项目总体进度和健康程度也可以通过仪表板直观呈现，免去了大量写报告的辛苦。这样既可以督促工作完成进度较慢的成员，又可以勉励进度超前的成员。

最后，可以避免传统项目管理中安排随意的弊端。比如，项目经常会组织召开临时性的会议，导致项目成员手头上正在执行的工作被中断，有时甚至还需要再额外花时间制作会议材料，非常影响工作效率与团队士气。

在工作推进中，也难免会遇到工作时间安排不合理、人员配置不合理的情况，这时候需要对工作计划进行优化。特别是要盯紧每个成员重要工作节点的进程，看整体是否合理以及当前进度是否符合预期。

项目管理者要充分利用好这类工具，随时监控并追踪进度，充分识别后进，发现风险，尽快做出预案。

公正透明的奖惩机制

除了上面提到的利用反馈沟通、信息透明等方式推进工作外，也需要一些硬性指标来引导和激励员工。最常见的就是奖惩机制。比如，利用协同工具协助绩效考核与审查，根据进度基准，测量、对比、分析成员的进度绩效。那些完成情况较好的成员，在考评时给予较好的绩效，在升职、奖金、涨薪、股权激励等奖励维度给予一定倾斜；那些完成情况不好的成员，则给予一般或者较差绩效，同样也要体现在升职、奖金等方面。

如何保证个人执行力

在前一部分，我们主要聚焦于大项目中团队工作的执行完成情况，而在这里，我想把重点放在个人工作的管理上。

现在越来越多人患上了拖延症，严重的拖延症会对个人的身心健康带来消极影响，如出现强烈的自责情绪、负罪感，不断地自我否定、贬低，并伴有焦虑、抑郁等负面心理。作为一个重度拖延症患者，"执行力"对我来说是一个非常难以实现的词。写作本书实际上对我的执行力提出了非常大的挑战，同时也是对我个人执行力非常好的一次训练。因此，我将结合我个人的经验与我学习到的一些方法，帮助你摆脱拖延症，保证工作和生活中的执行力。

保证个人执行力的原则

执行力指的就是贯彻战略意图，完成预定目标的操作能力。这里有几个关键词：一是"贯彻"，它代表的是一种态度和精神；二是"预定目标"，它代表的是过程和方法；三是"操作能力"，它代表的是执行力的本质，也就是"做"。

因此，围绕这三个关键词，我觉得在保证个人执行力时可以遵循以下4个原则。

第一个原则：不要逃避

这是保证执行力的基本原则。很多人面对目标总是给自己找各种各样的借口，为自己设置心理障碍，比如缺资金、没人脉、没时间、时机未到、能力不足等,这会给自己非常强大的心理暗示,即不断在潜意识里告诉自己还没准备好。

我刚开始写书时,因为主业是在互联网公司工作,"996"的节奏让我非常忙。但我静下心来也反思了一下,虽然"996"是我的工作现状,但我还是有一定业余时间进行书稿创作的,而我则以"要休息好"的借口来安慰自己,一再陷入"晚上想想千条路,早上起来走原路"的循环,因此导致书稿一拖再拖。当我不再逃避,正视这个任务的时候,我发现一切并没有那么难。真正难的部分只是我缺乏勇气面对它,而一旦直面,不再逃避,一切就变得顺利了。

有些拖延症患者带有完美主义的倾向,他们的宗旨是:"要么把一件事情做到完美,要么什么也不做。"这是一种负面倾向,它可以使你陷入没有止境的准备和设想中。这种倾向背后暗藏的是一种逃避心态:不敢尝试,害怕失败,恐惧挫折。只要执行过程中有一点点偏离,遇到一点点挫折,都有可能停止行动。最后,"没准备好""做不出完美的东西"就成了最大的托词和借口。

第二个原则:把能做的都做了

这个原则是避免逃避的最佳原则。只要规划好(有完善的工作计划),就先把可以迅速完成的事情做好,而不是等到所有条件成熟了再去做。等到条件成熟后,再把积压多时的工作一股脑完成,既不能保证进度,也不能保证质量。

我有个朋友，是教育领域的连续创业者。他的第一家公司已经进入C轮融资，而他因为看到了新方向，立刻找了一个继任者接替他首席运营官的位置（股份保留），迅速投入第二段创业中。他的执行力特别强，想到什么，只要想清楚，立马去做。

我记得有一次我们喝茶闲聊，他和我提到他看中了少儿编程领域；过了不到两个月，我们俩再喝茶的时候，他和我说他又看中了一块职场教育的方向。我问他之前少儿编程培训的方向怎么办，我以为他会说放弃了，结果他的答案却是："我已经找好了制作课程的人了，同时也联系好了分销平台，再过一个月课程就可以上线。除此以外，我还在等国家颁布相关政策，据传有些省市少儿编程的相关政策快要出台了。"

试想，如果他等到政策出台再去制作课程，或者等到课程制作好再去联系分销平台，时间就晚了。在创业中，如果什么事都要等到资源到位、人员全齐再开始行动，可能早早就被市场淘汰了。

想要实现这个原则，有一个行之有效的技巧，就是先从简单的事情做起。先把简单的事情做好，即使一开始遇到挫折，也不会产生挫败感，同时完成一些小目标也有利于建立自信。不仅如此，做简单的事情也可以帮助你迅速进入工作状态，迎接更难的挑战。

第三个原则：死磕精神

但凡做事，就要不怕麻烦，不怕和自己过不去，无论遇到什么困难都一定要死磕、死扛过去。

04 第三步：执行解决

我现在的领导不过30多岁，就在BAT（百度、阿里巴巴和腾讯三大互联网公司首字母的缩写）级别的互联网公司独挑大梁。翻翻他在公司的履历，凡是他参与的项目没有做不成的。

我曾向他请教经验，是在人际关系、组织架构如此复杂的大集团里，如何成功做事。他的回答是："我没什么秘诀，就是死磕，我相信没有什么搞不定的事情，没有什么搞不定的人。如果真的有搞不定的事情或者人，那一定说明你磕得还不够狠。"

在执行一项工作的过程中，死磕代表的是一种不怕一切困难的积极态度，无论是大事、小事、难事、易事，都可以通过死磕的精神搞定。

第四个原则：走出舒适区

人的天性就是逃避困难、贪图享乐，而保证执行力就是和惰性抗争的过程，也就是和天性抗争的过程。无论是在生活还是工作中，你都要尽可能地保持走出舒适区的习惯。养成这一习惯，可以帮助你和惰性对抗，进而赋予你对抗拖延的能力和贯彻执行的意志。

在实际执行的过程中，仅靠以上4个原则就想保证个人工作的执行力肯定是不够的。就好比拆解议题树、制订工作计划，"保证个人执行力"还需要一定的方式和方法。

保证个人执行力的方法

第一种方法：多思考

一件事情但凡想清楚了，做起来就没有那么难了。之前我们介绍的问题陈述、议题树、工作计划等内容，实际上都是辅助你思考的工具。当你面对一项任务时，即使没有严格执行这些步骤，在脑海里也要把这些内容想得清清楚楚、明明白白。

当然，即使你执行了这些步骤，也不代表你就可以在执行中放弃思考了。在执行工作的过程中，你一定会面临一些始料未及的难题或者挑战，比如合作方不配合、资源没有到位，或者其他困难，这些都需要通过进一步思考来解决。如果只是单纯地坐等天上掉馅饼，最后面对的一定是失败的结果。

在思考的过程中我还发现，不一定非要用整块的时间专门思考，"整块思考＋碎片时间思考"结合的方式有时候更加有效。你需要在整块时间做系统化思考，而在碎片时间，比如洗澡、刷牙、坐公交车的时候，则可以针对某一个细分领域（细分议题）做深入思考。这样的思考有时可以带来"灵光一现"，获得意料之外的惊喜。比如，我在写书的过程中，很多闪光的好点子都是在洗澡时突然"顿悟"的。

放下手机，抛弃电脑，放下那些占据你注意力的事情，专心思考，因为执行力的提升是从最根源出发的。

第二种方法：完善的工作计划

这里的工作计划不是本章之前提到的工作计划，这里你需要的是一份巨细无遗、精确到每一个动作、精确到几点几分的工作计划。千万不要觉得这是在浪费时间，和你因为拖延而浪费掉的时间相比，这里花费的时间实在是九牛一毛。

> 我有一个创业朋友在这方面做得非常好。我有幸看过他的工作计划：精确到每5分钟。他会事无巨细地规定清楚这5分钟应

该做什么，下一个 5 分钟又应该做什么。不仅如此，他还定期对工作计划进行盘点，看看自己哪些时间浪费了，确保自己以后不犯这样的错误。

这位朋友虽然刚刚大学毕业三四年，但他已经做到创业公司的总监了。他们公司在短短几年已经获得 4 轮融资，他们的天猫旗舰店在一年时间内就升到了类目的前五名。

这样一份工作计划，你在执行时相对来说就容易很多了。因为每一个时间点你都可以不用过度思考你需要做什么，只需要把你的思考力和注意力集中在工作计划中规定你现在要做的事情上。

第三种方法：善用任务管理工具

这个方法与上面的方法相辅相成。很多人在实践工作计划时会发现，没有办法有效地细化工作或者执行工作计划，于是就放弃了。这里你可以使用各种任务管理工具，设置好定时提醒即可。

还是那句话，不要觉得这是在浪费时间，与你因为执行力低下而浪费掉的时间相比，把这些工作细项逐个输入手机或者计算机，设置好定时提醒所花费的时间实在是不值一提。

这种任务管理工具有很多，在此我就不一一列举了。我相信你可能会好奇我那位执行力超强、工作计划极细的朋友使用的是什么工具，答案非常简单，我相信你肯定也会使用，就是 Excel。Excel 不仅操作方便，还便于统计，是非常好用的个人任务管理和进度统计工具。

第四种方法：给自己一些外力

对于拖延症患者来说，规定截止时间就是第一生产力。从这个思路看，为了保证执行力，可以给自己多设置几条截止时间。除此以外，还要把这些时间节点对外公开，比如强制自己在某个时间节点向领导汇报，这样可以有效地保证在这一时间节点之前的执行力。

在工作过程中，你还可以阻断外界诱惑，比如关闭手机提醒，关闭电脑提示音，让自己不被其他事情打扰。你可以移开办公桌上一切可能导致分心的事物，比如关上手机，拉上窗帘，确保不被任何事情引诱。

这里再向你推荐一个小技巧：番茄工作法。番茄工作法是最近几年爆火的时间管理方法，通过这种方法来完成一个任务或者一项工作。你用番茄钟设一个时间段，每个时间段25分钟，在这个时间段你要专注工作，中间不能做任何与该任务无关的事，直到这个时间段结束。然后休息5分钟，4个番茄钟后可以多休息一会儿。

也就是说，在番茄钟的25分钟时间段内，你不能被任何事情打扰（包括电话、微信或者是其他分心物），也不能做任何其他事情，只能专注在工作本身上。因此，这个方法配合"给自己外力"效果奇佳。

> 我在一些工作的冲刺阶段，经常使用番茄工作法。番茄钟倒计时的滴答滴答声，可以有效地提醒我专注于工作，不要分心，任何事情都可以在番茄钟结束之后再处理。通过番茄时钟与"外力法"相结合，我甚至创下过通宵工作8小时不停顿的纪录。

核心知识点

本章是"四步法"的第三步，执行解决。

执行解决可以分为三个小步骤，分别是制订解决方案、制订工作计划和工作执行。

在制订解决方案中，需要分清楚行动导向型议题树和问题导向型议题树的差别。前者可以直接将议题转化为解决方案，形成解决方案清单；后者则需要重新加以提炼和整合，才能得到解决方案清单。有了解决方案清单，就可以开始制订工作计划了。

工作计划包含四大核心要点，分别是工作内容、人员分工、时间进度和工作目标。还包括两大重点元素，分别是资源需求和风险预估。

在制订工作计划时，首先要确定各项工作目标，估算工作量；其次，对各项工作进行排序；再次确定时间规划，同时把各项工作指派给各个项目负责人，同时不能忘记关键的里程碑节点（复盘节点）；最后要通盘考虑，为项目可能出现的所有风险提出预案。

实际执行阶段可以以工作计划为基准，对工作执行进行监控。在工作执行中，定期追踪、不定期沟通和及时补救非常重要，它们可以确保工作的顺利开展。而项目管理者则需要保证项目沟通顺畅，管理好利益相关方，以及制定明确的奖惩机制，同时可以利用项目管理工具来提升管理效率。

在保证个人执行力时，需要谨记不逃避、先做事、死磕和走出舒适区这4个基本原则，并利用好充分思考、充分完善细分工作计划、善用任务管理工具和给自己施加外力这4种方法。

05 第四步：总结复盘

  我认为成功的关键在于，既知道如何努力追求很多东西，也知道如何正确地失败。"正确地失败"是指，能够在经历痛苦的失败的过程中吸取重要的教训，从而避免"错误地失败"，即因为失败而被踢出局。

——瑞·达利欧，《原则》

及时复盘，优化解决方案

学习完四步法的前面三步，我相信你对如何正确地解决问题已经有了充分了解。这时我猜你也会产生一个疑问：既然第三步已经是执行解决了，为什么还要多出来一个第四步——总结复盘呢？

"复盘"这个词最早是棋类对弈中的专业术语，也被称为"复局"。它是指对局完成后，胜负双方都应该重新复演该盘棋的记录，特别是反复推敲胜负手，以重新精确计算对局中的优劣与得失。通俗来说，复盘就是把当时下棋的过程重复多遍，并且反复思考为什么这样落子，寻找下一步乃至下几步的最佳解决方案。相比于对局中的紧张与快节奏，复盘过程时间更充裕，心态更放松，可以做到充分思考和反复推演。因此，复盘是棋类选手增长棋力的最重要方法，尤其是和高手对弈时，可以通过他人的视角看到自己思考不足的地方，从而将别人的经验化为己用。

当今人类围棋世界排名第一的柯洁，各类冠军拿到手软，他在介绍经验时就提到了复盘的重要性。几乎每一场比赛，无论输赢，他都会复盘总结，就是为了以后可以做得更好。特别是2018

年他在对阵人工智能机器人 AlphaGo 时，哪怕下棋的过程中崩溃痛哭，被 0∶3 横扫，在赛后也还是会直面失败，认认真真地复盘。因此，他在与 AlphaGo 赛后不久，在与其他人类棋手的比赛中豪取 20 连胜，追平围棋界传奇人物吴清源大师在 1930—1931 年创下的 20 连胜纪录。

下棋可以总结复盘，个人工作乃至公司管理也同样如此。如果工作没有达到预期成果，或者出现了一些偏差与缺陷，说明你对这项工作的掌握程度还不高，应对能力可能还存在一定欠缺，这正是你需要提升的地方，也是你可以从中学习的机会，避免以后再犯同样的错误。

我目前就职的这家互联网公司，复盘是日常工作中非常重要的一环。每当一个项目结束后，项目组成员会专门聚在一起，评估项目的结果和过程，总结出成功的经验或者失败的教训。除此以外，在公司层面，每半年也要对各个部门的业绩进行评估复盘，并向公司高层汇报。一方面以此为依据对各部门业绩进行考核，另一方面也是以此为基础制订后半年的发展计划。

比如，我最近和其他部门的同事一起，完成了一项新业务的规划工作。在业务正式上线后，几个项目组的同事坐在一起，花了整个下午 4 个多小时的时间，对项目进行了复盘。在复盘过程中，我们回顾了项目中走的弯路，总结出了一套标准的工作流程和方法，以后再遇到类似的事情可以直接套用。除此以外，针对项目中没有达到预期的地方，我们也制订出了快速的补救方案。

05 第四步：总结复盘

但非常遗憾的是，很多人在工作和生活中，都抱着"只要把事儿做完就可以了"的态度，缺乏事后的反思和总结，导致过去犯的错误一犯再犯。还有的人虽然这次工作完成了，但因为缺乏总结沉淀，以后遇到类似的事情还是不会，还得从头学起，大大降低了工作效率。大到公司内的复杂项目，小到我们日常做的一件小事，总结复盘作为解决问题"四步法"的最后一步，都是不可或缺的。

事中复盘与事后复盘

一般来说，针对某一项工作，需要做两类复盘，一类是事中复盘，一类是事后复盘。顾名思义，前者是工作进行中的总结反思，主要目的是明确工作目标，优化工作方法；后者则是工作完成后的总结复盘。比如，下完棋之后进行的总结复盘就是典型的事后复盘，其主要意义在于总结经验，沉淀知识。

事中复盘

相比于事后复盘，事中复盘更容易被我们忽视。事中复盘一般针对那些大型项目，或者是你不熟悉的复杂工作。

针对大项目的复盘很好理解，一个项目持续时间超过两个月，总是需要几个汇报点，也就是里程碑节点的。事中汇报实际上就是一种特殊的事中复盘的形式。通过组织汇报，你既可以对现阶段的工作有良好的总结，也可以让利益相关方充分了解当前进度，并提出建议。即使不需要汇报，也务必设置几个复盘点，用于回顾工作进展，优化工作方式，以及总结阶段性工作成绩。

这种持续时间很长的工作，我建议每半个月或者一个月组织一次复盘，也就是我在之前在工作计划中提到的复盘时间点。如果是工作组内部的复盘，一般只要两个小时左右的时间；如果需要向组织汇报，则要留足制作汇报材料的时间。

针对那些你没有把握一下子做好的工作，即使项目持续时间不长，我也建议你设计几个复盘点，帮助你整理工作思路，优化工作方式，调整工作方向。这类工作，我建议你每周组织一次快速复盘，半小时到一个小时为宜。

总结来说，在工作进行中的复盘一般来说有三个重要意义。

第一个意义："拨乱反正""不忘初心"

当项目时间比较长的时候，随着工作的推进有可能会陷入一些细枝末节中，而忽略了最开始的工作目标。同时，如果工作参与人员较多，部分队员有可能是后来加入的，他们对于工作目标、工作方法的理解可能不够充分。定期通过事中复盘回顾并明确项目的目标，强调工作方法与计划，有助于在团队内达成共识，确保工作顺利推进。

第二个意义：改进工作方法，提高工作效率，及时补救错误

在前几个章节中我们都提到，无论是问题陈述、议题树还是工作计划，它们在工作中都不是一成不变的，特别是当你面对一项陌生领域的工作时。随着工作的深入开展，你对于这个领域的理解肯定是越来越深入，这时候你很有可能会发现最开始工作时没有意识到、发现到的盲区，要么探索出了一些新的、更高效的工作方法，要么找到了更科学的工作分配方式。这些优化方向，都有助于我们提升工作效率。

事中复盘还可以帮助你及时发现项目中的重大疏漏，你可以进行

及时补救，进而降低项目承受的风险。如果缺了这样一道保险，造成的后果是很难预计的。

在我工作的事业部，有一个团队就由于缺乏事中复盘身陷窘境。这个团队在运营一块新业务，但因为他们一直没有及时复盘并向领导汇报，导致工作开展了半年后，才发现工作方向已经和公司高层的预期差距很远了，也错过了补救机会。最近，这个团队面临着解散改组的风险，这块业务也会由其他团队承接。

第三个意义：让利益相关方充分了解当前工作进度，并提出意见

之前提到，事中汇报是一种特殊的事中复盘形式。你可以邀请利益相关方，比如领导、客户等，加入事中汇报。

在咨询公司，每一次项目的执行过程中，咨询顾问都需要整理阶段性的咨询成果，做成 PPT 报告向客户汇报。在汇报会上，客户会提出自己的想法和观点，接下来的方案也会根据这些建议做一些调整。汇报是咨询项目必不可少的环节，可以让咨询顾问与客户双方高效沟通，确保双方的目的一致，避免咨询顾问做出的解决方案无法达到客户要求。

即使没有安排正式的汇报，你也可以通过邮件、电话甚至即时通信软件，比如微信、钉钉等，把当前的工作方法、工作进度传达给利益相关方。

事后复盘

事后复盘就是在工作完成后进行的总结。一般建议工作完成后就立刻做事后复盘,这样不仅效果最好,而且万一有什么需要补救的地方也可以迅速执行。你不必等到工作完成得十全十美才做复盘,只要基本完成后就可以开始进行事后复盘。

事后复盘有 4 个重要意义。

第一,让利益相关方充分了解当前工作进度。这一点和事中复盘的意义相同,不再赘述。

第二,及时发现工作中的不足,从而进行补救与改进。这一点与事中复盘的意义也非常接近,但需要强调的是,事后复盘的时间窗口虽然比较短,但因是最后的补救机会,千万要抓住,否则可能会导致工作的彻底失败。

> 在咨询公司,结项汇报(又称最终汇报)就是最典型的事后复盘形式。结项汇报在咨询项目中至关重要,其重要性远超所有中期汇报。因为结项汇报的成败涉及项目是否能顺利交付验收,以及咨询款是否能顺利结算。
>
> 结项汇报的 PPT 也是咨询项目交付成果的重要部分。因此,咨询团队往往会把非常大的力气花在结项汇报上。不仅要仔细盘点咨询项目的逻辑、结论,还要反复构想 PPT 的故事线和呈现方式,确保客户满意。制作 PPT 的过程就是盘点过程的一环,从中也可以充分发现问题,及时补救。

第三，总结经验教训，沉淀工作方法、流程，形成规章制度。如果一项工作涉及多个同事或者多个部门的协作，就可以通过事后复盘总结出标准的工作流程、工作制度以及辅助工具。以后公司内部如果还有同类工作，就可以直接遵循这套工作体系来执行，降低了公司运营风险。

针对一项新工作，事后复盘实可以帮助你总结方法规律，进行知识沉淀，下次遇到相似的事情可以直接应用；针对你比较熟悉的工作，事后复盘则可以优化工作方法和流程，简化那些不必要的环节。

大部分公司的规章制度就是通过无数次过往工作的复盘总结得出的，再通过员工培训、员工读物等方式发放下去，传达给员工。

第四，发现新的机会点。在事后复盘的过程中，你还可以从之前的工作中挖掘新的机会点，这个新的机会点可以演化成新的工作方向。比如刚刚提到的规范化流程，如果非常复杂，涉及多个部门的协同，则有可以衍生出一个制定与落实流程的新项目，再按照界定问题—拆解问题—执行解决—总结复盘这 4 个步骤完成新项目的落地。

> 咨询公司非常擅长在结项汇报中埋下一些点，进而引导客户开启一些新的咨询项目。比如做完一个战略规划项目，在结项汇报的报告中，咨询顾问就会向客户提出，为了配合战略规划，管理上应该如何改进，比如流程梳理、组织架构调整、市场营销体系优化，以及信息技术系统架构等。这就是引导客户方挖掘更多的咨询项目，而客户方由于已经与咨询公司保持了良好的合作

05　第四步：总结复盘

关系，后续产生这些咨询需求，肯定也是优先找现有的咨询公司合作。

需要注意的是，事后复盘往往不是一次就可以完成的，一般会根据不同的复盘目的组织多次复盘。

比如，以汇报工作、迅速补救为目的的复盘，就会组织专门的讨论会和汇报会来完成复盘工作；而以沉淀规章制度、管理流程等为目的的复盘，则需要引入公司相关的职能部门，比如行政、人力资源、信息技术、财务以及相关业务部门等，共同讨论；以发掘与把握新机会点为目的的复盘，则需要更多的复盘讨论以及与领导的沟通，才能决定是否要就这个新机会点做更深入的探索。

我之前负责过一个国际学校的咨询项目，目的是帮助一家英国贵族学校在中国的业务进行战略规划。

这个项目持续两个月，因此我们设定了三个复盘点（里程碑），即分别在第2周、第4周和第8周。前两个复盘点属于事中复盘，我们基于项目一开始的议题树与工作规划，对客户做了两次进展汇报（事中复盘）。

第2周的工作结束后，我先带着项目组内部进行了复盘，并向分管的总监及合伙人进行汇报。由于是我第一次做教育行业的咨询项目，因此部分议题挖得不够深入，他们也提出了一些改进建议。汇报结束后，我迅速地修改了议题树以及工作安排，并以最快的速度补上了这部分内容，为第一次汇报的准备打下了良好的基础。

第一次汇报工作（第4周）总体来说非常顺利，客户在汇报会上提出了他们的要求和意见，主要都是一些细节方向的，对大方向无疑义。在汇报结束后，针对客户提出的一些小问题，我迅速做了研究和整理，并把结果发送给客户。

而结项汇报（第8周）前，我们花了一周时间完成复盘，制作了非常完善的PPT，向客户进行了汇报。客户总体还是比较满意的，很爽快地在项目验收文件上签了字。

但这对于事后复盘还是不够。在汇报后，我自己先做了一下复盘，复盘的重点是如何分析教育行业，接着又重新分析了一下项目的议题树，提炼出国际学校的战略分析应该从学校的教室数量、班级规模、上座率这几个方面进行分析。这就属于通过事后复盘，总结经验教训与工作方法。

除此以外，我还拉了项目组成员一起讨论，除了补充针对教育行业的知识点以外，我们也进一步明确了项目的工作量。由于一开始对工作量预估不足，导致整个项目组加班严重，后续在做类似项目时，可以在成本允许的情况下多找一些初级咨询师一起参与项目，分担工作。这属于通过事后复盘，沉淀工作流程。

除此以外，我们也通过这个项目挖掘了这些国际学校的支付能力，框定了几个潜在客户，未来可以重点将这几所学校培养成为我们的目标客户。这就属于通过事后复盘，发现新的机会点。

如何做好总结复盘

组织一场复盘会

虽然事中复盘与事后复盘很重要，但很多人还是缺乏相关意识。除了向领导或客户汇报，大部分人对于复盘是非常抗拒的。有些人认为复盘完全是在浪费时间；有些人则是因为工作成果不够出色，逃避一切需要直面工作成果的场合。因此，做好复盘的首要要务就是建立好对复盘重要性与必要性的认知，进而影响团队其他人，让每一个人都对复盘有充分的期待。必要的时候，你可以用额外奖励、绩效考评或者上级指示做一些推动。

比如，利用项目剩余资金或资源，给所有参加复盘会的同事一些小礼物；再比如，复盘会可以邀请主管领导参加；或者做得更绝一点，想要在年中考评中获得"优秀"以上的绩效，就必须参加项目复盘会；等等。

接下来你就要开始筹备一场严肃的复盘会了。组织一场复盘会和组织一场普通会议的方法差不多，一般情况下，复盘会议的组织需要注意以下几点。

掌控工作

会议安排

首先要确定期望达到的会议结果（会议目的和主要目标）；考虑哪些内容是会议讨论范围内的，哪些不是。特别是当复盘内容比较多、一次会议开不完时，要严格限制本次会议的主题方向。最好准备好议程并分发给参会人员，议程不必很正式，但必须写清楚本次讨论的主题方向和范围。同时要让所有参与复盘会的人员有所思考，最好是带着相关材料来参会。

在时间安排上，一般复盘会议 45~90 分钟为宜，保证会议在合理的时间内开始和结束，太长时间很容易让参会者产生倦怠感，效率下降。宁可多开几次，也不要把一次会议的时间拉得太长。

在后勤管理上，当然不能忘记预订好会议室，并且保证在开会过程中所要使用的设备可用，同时留意会议室大小是否适合此次会议人数规模。核对通往会议室大楼和房间的路径方式，并且通知参会人员。确保此次所有参会人员都已收到会议邀请，知晓会议地点和与语音会议的电话号码。你可以列出所有参会者的联系方式，万一参加的人员没有按时出现可以及时联系到他们。

把控复盘会的进程

作为复盘会的组织者，你要准备好备份的文件材料，以防万一。此外，你要首先到达会议地点，提前拨入电话会议，同时要求所有的移动电话调至静音模式，笔记本电脑停止使用，除非需要电脑接入会议。

简短地介绍一下会议议程，并重点强调你特别想完成的议题。如果复盘会有一些非项目成员（比如有经验的"外援"），你要向其他参

05　第四步：总结复盘

会人员做介绍，并解释清楚"外援"参与复盘会的目的。

当复盘会开始后，你作为组织者需要时刻关注会议的动向，把握好讨论的方向。

不要让讨论的话题偏离主题太远，但也不要太死板。如果参会者表达出一些创意性意见的时候，可以适当放宽讨论范围，不要打断，也不要引导。此外，也不要让太长的讨论占据会议时间，应当适时建议参会者可以在会后继续讨论，并反馈会后成果。

需要特别留意的是，有没有哪些参会者对自己的观点太过执着，而不愿意去理解其他人的观点。如果这种情况发生而且不加以制止，会议将会失衡，有效率的讨论将会中止，不那么激进的参会者可能会选择消极应对甚至直接退出会议。同样，对任何提议都应当考虑其正面影响和潜在缺陷。会议很容易由于过于偏激而失衡，或者太过保守而否决掉所有提案，或者不加讨论地接受没有被仔细评估过的意见。

会议组织者还要留意是否有人没有积极参与议论。你可以通过留意肢体语言的细节，从而观察是否有人在走神或者没有积极加入讨论。如果你认为他们有相关的想法和意见，也要尝试着把他们引导进讨论中来。这一点在电话会议中特别重要，因为电话会天然产生距离，从而使部分参会者不够积极。这时候要充分调动起每一位参会者的积极性，特别是那些项目的核心成员。

最后，当需要对一些重要结论做出决议时，必须保证让在场每一位参会者清楚这个决议是什么。可以通过询问或者总结的方式，保证最后决议有明确的时间约束和任务分工职责。

复盘结束后

如果有必要，在会议结束时也可以向大家确认下次复盘会的主题、时间以及地点。

复盘会最好安排一个记录员，或者录音以备后续整理，不管哪一种都要记下复盘会议中那些重要结论。在会后，最好以会议纪要的形式发给所有的参会者。注意，如果发出会议记录的时间会有延迟，可以先发出包含会议重要行动结论的简短邮件，隔几天后再发送完整版纪要。

复盘的科学流程

以上是复盘会在组织上的一些要点，而在实际的复盘会议过程中，则需要遵循复盘的科学流程。

无论是事中复盘还是事后复盘，正确的复盘流程都分为以下四步：第一步是回顾目标；第二步是评估结果；第三步是原因分析；第四步是优化改善。每一步都有对应的工具，确保总结复盘顺利进行。

让我们逐一来看每一步应该如何正确地执行。

回顾目标

1. 为什么复盘要从回顾目标开始

最近看到一则旧闻，让人不禁捧腹大笑。2013年4月28日，在英国东北部城市桑德兰举办了一场马拉松赛事，近5 000名参赛选手，最后仅有一人完成比赛。这是为什么呢？是因为其他4 000多名选手中途放弃了吗？当然不是。原因很简单，但也很

05 第四步：总结复盘

荒唐，由于第二名和第三名选手被第一名超出太多，他们没看到第一名选手以及引导车，带着后面的选手跑错了路线，因此除第一名马克·胡德外，所有的选手都被判定为未完成比赛。

无独有偶，2019年12月22日举办的第17届亚洲马拉松锦标赛暨2019东莞国际马拉松比赛中，之前领先的朝鲜运动员在最后的冲刺阶段因为错跟转播车路线而跑离赛道，在意识到错误返回赛道后，已经被日本运动员超越了。

这两个乌龙事件，都是因为其在目标指引上出现了重大失误。这其实和我们的日常工作有很多相似之处。我们明确了目标和做事方式后，就会翻山越岭、披荆斩棘。但光有这样奋勇向前的冲劲和执行力是不够的，稍不注意，可能就会偏离正确的方向。

这时候，正确的做法应该是在一些关键节点上（比如，马拉松的1/4、半程、最后冲刺阶段等这些关键里程碑），再回顾一下目标和计划（比如马拉松的终点和路线），确认一下自己的资源（比如马拉松比赛中自己的体力分配和物资补给），再奋力向前。

但令人感到遗憾的是，许多人会忽视这一过程，全程闭眼狂奔，往往偏离了方向都不自知。更有甚者，即使偏离了目标，也还是沉浸在错误努力的自我感动中，觉得自己非常努力、非常敬业，殊不知，这种情况下，越努力造成的失败和资源浪费越大，危害也就越大。

所以，如果把我们的工作看成马拉松比赛，比赛终点就是我们的目标，而在开始比赛之前，我们就需要了解比赛的线路、比赛当天的天气，并准备好自己的装备，这些就是我们制订工作计划的过程。真正站在起点线上,听到发令枪响,开始按照既定的速度稳步向前,就是我们实施的过程。定时回顾目标、路线和资源,则保证我们可以按照正确的节奏走在正确的道路上。正是因为有了这个看上去最简单、最容易实现的动作,才能让我们朝着正确的方向前进,才能让我们有机会去反思、去复盘——如何才能快速到达终点。

所以,复盘的第一步就是要求我们停下来,不着急去工作,而要把注意力聚焦在我们的方向上,看看我们当初定的目标是什么。

2. 如何进行目标回顾

说完这么多回顾目标的意义,那么应该如何进行目标回顾呢?或者说,在回顾目标的时候应该做什么呢?实际上,界定问题、拆解问题与解决问题这三大步骤,已经赋予了你回顾目标的三大武器,即问题陈述、议题树与工作计划。回顾目标实际上就是对这三大步骤的回顾。

先来看对问题陈述的回顾。在第二章中我们就已经强调过,问题陈述是我们解决一项工作的基准点和出发点。因此,我们在做总结复盘时,无论是事中复盘还是事后复盘,对于问题陈述的回顾都非常重要。

在实际复盘时,这一步非常简单,你只需要向所有参与复盘的人展示最终版本的问题陈述即可。这时,切记不能只是草草地展示,还需要再运用 SMART 原则对问题陈述进行解析。不过这时候我们并不需要按照 S-M-A-R-T 的顺序进行回顾,可以换一下顺序,变成 S-M-T-A-R 的顺序,这样更符合逻辑。

S 原则规定了任务的内容和方向,因此是最先回顾的,它可以确保参与复盘的所有人的认知都保持一致。M 原则规定了工作的量化指标，是最直接体现任务目标的，因此放在 S 原则之后。T 原则规定了任务完成的时间限制，是最直接体现任务时间进度的，因此放在第三位。A 原则规定的是具体的动作、路径等，在逻辑上是顺着 T 原则承接下来的。最后是 R 原则，这个原则代表的是工作内容与目标的相关性，因此放在最后一项回顾。

在回顾问题陈述时，首先要确认的是问题陈述是否符合 SMART 原则，因为这是回顾的基础。如果不符合 SMART 原则，则需要根据大家的理解与讨论重新设定符合实际的问题陈述。这里需要注意，如果问题陈述本身没有问题，但因为工作执行的原因导致最终开展的工作方向有所偏离，这时千万不要更改问题陈述，我们需要做的是在评估结果和原因分析中详细分析偏离的结果。

如果问题陈述符合 SMART 原则，且大家都确认没有疑问，特别是半途中加入工作的同事也没有疑问，那么就可以进入回顾的第二步，即对议题树的回顾了。

议题树的本质是什么？议题树实际上是对问题陈述中任务目标的拆解。解决议题树中的每一个议题，就是解决了整个任务。因此，议题树中每一个议题都可以看作一个小任务。

和对问题陈述的回顾一样，当我们在回顾议题树时，需要把完整的、最终版的议题树向参加复盘的所有人展示，确保大家都能够理解议题树中的各议题。

这里你可能要问，是否要用 MECE 原则验证议题树呢？答案是不必。对于议题树 MECE 原则的验证，大可放到第二步"评估结果"

中去。而问题陈述之所以需要验证 SMART 原则，并用 SMART 进行重构，是因为问题陈述是任务的出发点，没有清晰的问题陈述，后续的复盘很难进一步开展下去。

在确保大家对议题树都理解了之后，就要回顾工作计划了。和问题陈述类似，工作计划也有四大要素，分别是工作内容、工作目标、人员分工和时间进度。同样，你只需要确保参与复盘会的人对这些工作安排非常明确即可。

在这里，你大可不必去纠结工作计划制订的好与坏，因为它们都可以放到第二步的"评估结果"环节。

3. 回顾目标的注意事项

回顾目标看似非常简单，但从我实际的经验来看，在这个环节实际上是非常容易犯错误的。在这里总结一下容易出错的地方，你在实际操作中一定要注意规避。

第一个常见错误：步骤跳跃

我发现许多人在回顾问题陈述或者议题树的时候，很容易着急地跳到后续的评估结果乃至原因分析的步骤里面去。

比如，任务目标是本季度完成 1 亿元销售额，有些人在回顾这一目标时就会非常心急，直接开始谈本季度实际只完成了 8 000 万元，完成度仅有 80%，甚至开始分析未完成的原因，然后就开始推卸责任。

这是非常不对的做法。回顾目标应该专注于目标本身，它的目的在于让所有参与复盘的人取得共识，唤起大家已经淡忘的记忆。

第二个常见错误：轻易修改问题陈述、议题树或工作计划

如果问题陈述、议题树或工作计划本身没有问题，符合最开始的预期，但实际执行中出现了动作变形，导致工作方向出现偏差或者其他问题，那一定不要修改。实际上，这是后续需要分析的重点内容。除了问题陈述不符合SMART原则的情况，在回顾问题陈述、议题树或工作计划时，千万不要进行任何修改。

第三个常见错误：理解不清楚

在回顾目标时，务必确保参会者对问题陈述、议题树和工作计划有清晰的了解，因为这些内容都是复盘的基石。如果在这个环节大家的认知发生了不一致，很容易在后续的复盘环节中出现分歧，进而又要重新讨论。因此在回顾目标时，一定要再三确认大家对于目标理解的一致性和准确性。

评估结果

如果说回顾目标是复盘的地基（这个基础更多地让我们意识到复盘对整个工作的重要程度，并且能够正确地把目标表述出来，可以为后续的工作做一定的准备），那么评估结果这个阶段就是复盘这座大楼的支撑结构。这个步骤的实施将直接关系到我们后续复盘的成功与否。

在实际复盘的时候，确认目标回顾之后就可以开始评估结果了。评估的对象应包括两类：一类是对工作结果的评估，一类是对工作流程的评估。

1. 对工作结果的评估

工作结果的评估就是评估工作是否达到预期结果，并且按时保质完成。要做到这一点，你只需要把"回顾目标"这一步中的关键点一一列出，然后判断是或否即可。

（1）围绕问题陈述的评估

围绕问题陈述的评估，我们同样使用 S-M-T-A-R 的顺序：

S 原则是工作方向，你可以评估一下整个工作过程是否确实是朝着这一方向努力的，特别是要确定当前的结果与最开始的目标是否吻合。

M 原则规定了工作的指标，你可以比对最终成果与这一指标的差异是超额完成，还是有所欠缺。

T 原则规定了时间，你需要确认工作是否符合既定的时间限制，有没有延期的情况发生。

A 原则规定了工作的行动，你需要评估一下，工作是否按照既定的动作完成。

R 原则是相关性的检验，你要评估过程中是否做了与工作无关的事情。

通过对问题陈述的结果评估，我们可以初步掌握工作整体完成状况的好与坏，可以先定下一个整体的基调。在以往的复盘实践中，我对问题陈述的评估往往非常迅速，特别是当参会者都非常了解这项任务时，基本可以在几分钟内完成。如果复盘会时间比较短，回顾完问题陈述就立刻做结果评估也是没有问题的。

有了整体基调，接下来需要针对议题树和工作计划进行评估了。

（2）围绕议题树的评估

工作计划是基于解决方案清单制订的，而解决方案清单又是基于议题树制订的，那是不是就意味着只需要评估工作计划的内容就可以了呢？

答案是否定的，围绕议题树的评估不可缺少。和围绕问题陈述的评估一样，围绕议题树的评估是循序渐进的。问题陈述评估定了总体基调，而议题树评估则在基调的基础上锚定了问题点。

围绕议题树评估的对象是议题树中各个子议题，需要仔细判断各子议题是否完成。如果总体项目没有得到很好的解决，你可以通过议题树的拆解评估，看出哪些议题没有得到圆满解决。如果整体项目完成情况比较好，针对议题树的评估则可以不用那么仔细，挑一些核心议题做重点评估即可。

围绕议题树的评估实际操作也非常容易。作为复盘会的组织者，你只需要向所有参会者展示出完整的议题树，然后针对每个议题逐一讨论评判是否完成即可，这里只需要做"是"或"否"的判断。这个过程一般比较迅速，特别是当参会者都参与了议题树的搭建时。很多时候参会者甚至可以非常明确地指出哪一个或者哪几个议题没有被很好地解决，而不需要一个议题一个议题地去讨论。

（3）围绕工作计划的评估

对议题树的拆解更多的还是聚焦在问题的完成情况上，而接下来要做的是对工作计划的评估，则需要结合实际的时间安排、人员安排，以及对实际的执行情况进行评估。这是整个复盘会的重头戏之一，也会是复盘会上的第一个高潮，因为它往往会把工作完成情况赤裸裸地落实在各位工作成员身上。

围绕工作计划评估的对象就是各个工作项，及其负责人和时间进程。我们需要结合议题树认识清楚，哪些没有完成的议题分属于哪些工作项，是由谁负责。除此以外，还要对各项工作的时间进程进行评估，判断哪些工作是按时完成的，哪些工作有延期。特别是一些重点工作规定了工作目标的，需要逐一比对目标的完成情况。

当复盘会推进到这里时，有些参会者可能会出现辩解、甩锅甚至相互指责的情况，你作为组织者千万注意做好控场，引导大家把注意力集中在事情而非责任的划分上。复盘会不是甩锅会，也不是争功会，而是发现问题、解决问题的会。

2. 对工作流程的评估

对工作流程评估的对象仍然是问题陈述、议题树和工作计划，但这类评估仅围绕"四步法"本身，探讨的是这些方法在执行过程中是否被正确使用。

针对问题陈述的评估实际上在"回顾目标"时已讲过，实际就是对问题陈述是否准确、是否符合 SMART 原则进行评估。

针对议题树的评估实际上是评估议题树的拆解思路，以及是否符合 MECE 原则。之前我们也提到过，议题树的拆解没有标准答案，在复盘时，可以评估过去议题树的拆解情况，明确这类问题下议题树拆解的最佳策略。

针对工作计划的评估则聚焦在分工是否合理，以及时间安排是否合理上。这时候你可能会发现，某些工作如果归入另一个模块可以提高整体效率，还有就是给某个人安排了太多或者太少的工作，这些都可以在后续进行改进。

3. 找到问题

做完以上两步，就完成了对结果的评估吗？显然不是。如果直接用以上这些内容完成评估，就进入原因分析的步骤，你将会毫无头绪。

因为这时候我们手里只有针对问题陈述、议题树、工作计划的一些"是"和"否"的判断而已，还没有真正到"找到问题"的程度。因此，在做完以上评估后，还有个非常重要的动作，就是找到问题。

想一想，这时候你的手上有什么？你可能有的是这样一张清单：

A 任务下的 A5 项工作，由小张负责，出现延期，导致 C 任务下的 C7 项工作（由小王负责）延期。

B 任务下的 B6 项工作，由小李负责，未实现工作目标。

C 任务下的 C1 项任务，由小王负责，未实现工作目标。

D 任务下的 D7 项任务，由小孙负责，出现延期，导致 A 任务下 A10 项工作（由小张负责）出现延期。

……

这样的清单存在什么弊端呢？首先，它太零碎，不够系统化；其次，不同问题之间有一定的因果关系；最后，它不够清楚，不能很好地体现工作目标未完成的程度。因此，它们都不能算是真正的问题。

因此，在对工作结果和工作流程评估后，还需要把真正的问题找出来。而这个寻找的过程就是一个总结归纳的过程。在我们把真正的问题列出来时，需要遵循几个原则。

第一个原则：找到源头问题

很多问题前后是有关联或者因果关系的。一项工作没有做好或者延期了，很有可能导致另外一项工作完成情况不理想或者延期。

在上面这个案例中，A 任务下的 A5 项工作出现延期，导致

C 任务下的 C7 项工作延期。在后续分析原因的时候，针对 C7 工作的延期还是会归因到 A5 项工作的延期上，因此在一开始就直接抓源头问题 A5 更加明确。同样，D 任务下的 D7 项任务出现延期，导致 A 任务下 A10 项工作出现延期，因此抓住 D7 项任务延期这个主要矛盾，也可以使原因分析工作开展起来更加顺利。

在这个过程中也需要思考一下，各项"延期"或者"没做好"的任务之间，究竟是真的存在这种因果关系，还是负责人为了推卸责任而推出的挡箭牌。

我之前就经历过这样一个案例。一个咨询项目出现了进度延期的情况。开会过程中，负责市场规模估算的同事将自己工作的延期，归咎于负责研究竞争对手的同事没有及时获得竞争对手的销售额数据。这一条看似成立，因为市场规模估算时需要拿到市场上各家竞争对手的数据，才能确定总体规模。但仔细分析后不难发现，市场规模估算的大部分工作量其实集中在搭建测算模型上，而模型搭建只需要根据议题树的拆解结果进行逻辑性搭建即可，最后输入竞争对手的数据就可以得到规模数字。

搭建模型与获取数据是可以同步进行的，而实际情况是负责市场规模估算的同事并没有及时搭建好模型，因此才导致延期的。

第二个原则：问题必须清晰化
这是指我们在提炼问题的时候，一定要把问题表达清楚。比如，有人可能会在评估时说："产品研发的进度不够理想。"这里，"不够理想"就不是一个清晰的描述。到底有多不理想？延期了一天还是一个月？这些都是要在提炼问题时加以说明的。

想要做到清晰，可以从以下几个角度去挖掘。

第一个角度，也是最直接的角度，就是工作目标。目标是清晰可见的，将结果和目标比对，很容易发现差距。

第二个角度就是量化。还记得之前提到的 SMART 原则吗？这里是和 M 原则同样的量化原则。我们在描述一个问题的时候，应尽量将问题量化，只有量化才能客观地把问题反映出来，也只有量化才能直观地去评估问题的严重程度。

如果工作目标本身就有量化指标，你可以直接评估出其完成情况。但如果工作目标本身没有量化指标，也无法直接量化，该怎么办呢？确实存在一些问题无法直接量化，比如满意度、努力程度等。这时候，就可以用量表的形式进行量化。我们常用的量表有 5 分量表和 7 分量表。1 分代表最不满意、最不努力，而 5 分或 7 分则代表最努力和最满意。通过定义不同分值，我们可以很容易地得到量化的结果，几乎所有的事物都可以用量化的方式去解决。因此，当碰到无法量化的工作目标时，也可以通过量表打分的形式进行评估。

第三个角度就是要确保表述清晰。首先要避免一些模棱两可的词，比如"可能""大概"。其次，表述不要有遗漏。最后，要尽量使用完整的句子描述，而非短语。

第三个原则：聚焦问题本身，而非其原因

在陈述一个问题时，由于思维的惯性，我们很容易把问题背后的原因一起讲出来，也就是把问题和原因混淆在一起了。这会造成两个不好的影响。

第一个影响就是无法聚焦事件的真实属性，也就是无法发现真正的问题，或者方向出现偏差。

> 比如，定义问题是"经常犯的错误"，但如果把问题定义为"财务报销流程复杂，导致员工积极性下降"。那么在后续的分析中，究竟是要解决"财务报销流程复杂"这个问题，还是要解决"员工积极性下降"这个问题？这是两个截然不同的方向，背后的原因也不相同，如果我们要解决财务报销流程问题，就需要从财务运营本身的角度去思考；如果我们将注意力集中在"员工积极性下降"这个问题，就可能从其他影响员工的因素进行进一步分析。

第二个影响则是限制了后续工作的开展。在总结复盘过程中，对问题的解决是有前后顺序的：首先找出真正的问题，其次分析问题背后产生的原因，最后优化改善。如果我们在定义问题的时候就将原因与事件混在一起说，那么，接下来我们再去分析原因的时候，就会发现根本无从下手。不仅如此，在这个阶段分析出来的原因，没有经过科学的方法和流程分析，往往是片面而不深入的，这又会进一步影响我们复盘的效果。因此，在表述问题时，一定不能夹带原因，原因分析是后面的事情。

当以上原则都考虑进去之后，我们手头的问题清单就会缩短许多。

我之前在做不同项目复盘时提炼出来的一些"真正的问题"。
- 评估结果：竞争分析延迟1周，没有分析出关键点。
  发现问题：竞争分析工作执行中，在3周的时间内没有找到合适的、了解这个领域的专家，也没有找到相关资料帮助我们更加了解这个比较特殊的行业。
- 评估结果：客户不认同新的组织架构方案，认为××岗位设置不合理。
  发现问题：在该岗位分析中，没有正确使用海氏三要素评估法。
- 评估结果：市场规模估测偏大，客户公司份额偏小。
  发现问题：市场规模估测模型中，某个关键参数有误。

这时候，我们手头有了一些源头性、根本性的问题了，现在可以顺利进入下一个环节——原因分析了。

原因分析

原因分析是复盘会真正的高潮。因为这一步需要群策群力，通过一些科学的方法挖掘问题背后的原因。只有这一步做好了，最后一步优化改善才有意义，否则就会陷入"头痛医头、脚痛医脚"的死循环中，始终无法真正解决问题。

由于各类工作本身差异巨大，因此这一步并没有非常标准的步骤或要点可以遵循，但还是有一些通用方法，可以帮助你发现问题背后的原因。

1. 鱼骨图

在介绍议题树的表现形式时我们简单介绍过鱼骨图。鱼骨图是一种能发现问题根本原因的方法，也可以称之为"因果图"。鱼骨图清晰地表明了问题产生的各种原因，指出了影响问题解决的因素，使决策者对问题有整体的把握。鱼骨图能帮助我们回答"是什么导致某问题或现象的发生"。作为一种辅助分析决策的工具，鱼骨图适用于各类问题的分析场景中（如图5-1所示）。

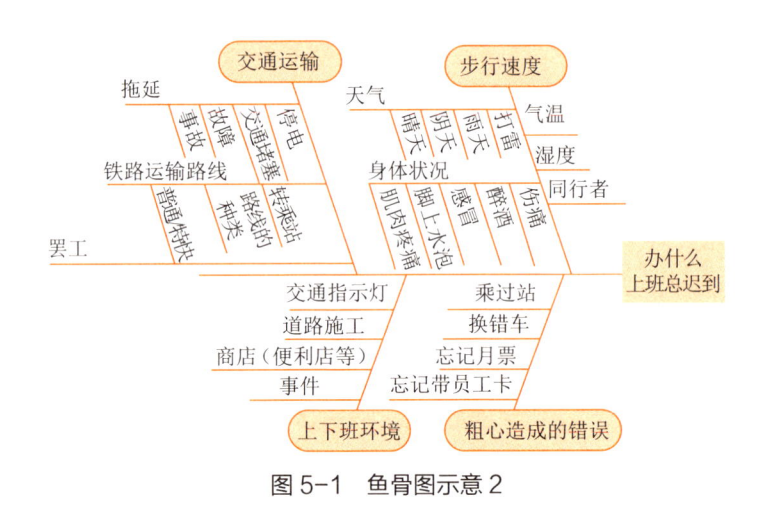

图5-1 鱼骨图示意2

之前提到过，鱼骨图是一种特殊的议题树，因此在使用鱼骨图的过程中，你可以把议题树拆解的一些方法直接迁移过来使用。

大体来说，画鱼骨图主要分三步。

第一步，列出需要解决的问题，并将这个问题写在鱼头处。一般来说，分析原因的鱼骨图的鱼头方向是向右侧的。

第二步，召集同事共同讨论问题出现的可能原因，要尽可能多地找出问题的原因。我们在讨论问题出现的原因时，可以利用多种方法，比如人机料法环、人事时地物、5why分析法等（后文对这些方法有详细介绍）。这就好像我们在拆解议题树时使用自上而下法、自下而上法一样。

第三步，把相同的问题分组，并在鱼骨上标出。在分析一个问题的原因时，因为讨论的人较多，可能想法会比较发散。这时，一定要将发散的散点整合进鱼骨图。这里可以用议题树拆解中的方法，如果一根中骨能够涵盖，那就罗列到一根中骨中；如果一根中骨不能涵盖，则单独再列出一根中骨，在此基础上做进一步的延伸。

其实，传统鱼骨图分为问题鱼骨图、原因鱼骨图和对策鱼骨图三类。因此，鱼骨图不仅可以进行原因分析，还可以进行问题拆解和提出对策。问题鱼骨图可将某一问题细分成若干子问题供大家逐一探讨——这一点实际上和议题树一样，其方法也是相同的。而对策鱼骨图可列举出要改善某一现状或达到某一目标所需的若干对策，具体的操作方法就不在这里赘述了，如果你有兴趣可以通过书籍和网络了解和实践相关内容。

接下来，我将对画鱼骨图时可以配合使用的一些工具和方法进行一一讲解。

（1）5why分析法

5why分析法最初由丰田汽车公司的创始人丰田喜一郎的父亲丰田佐吉提出。所谓5why，就是对一个问题点连续以5个"为什么"（why）

来自问,以追究其根本原因。虽然称为 5 个"为什么",但使用时不限次数,直到本质原因为止,有时可能只要 3 个"为什么",有时需要 10 个"为什么"。这个方法的关键是要努力避开主观和自负的假设和逻辑陷阱,从表象出发,沿着因果关系链条,顺藤摸瓜,直至找出问题的根本原因。

丰田公司在发展完善其制造方法论的过程中充分采用了这一方法。这个分析法是丰田生产系统入门课程的内容,所有丰田员工,不论职位高低,无论是生产、销售供应链还是财务,每个人都要熟练运用这个方法来解决问题。每个人遇到问题的时候,必须填写"5why 分析法"表格,对每一层提问都要给出相应的解决方法,并找到问题的根源。

> 这是丰田公司前副社长大野耐一列举的 5why 分析法经典场景案例。
> 为什么 1:为什么机器停了?
> 答案 1:因为机器超载,保险丝烧断了。
> 为什么 2:为什么机器会超载?
> 答案 2:因为轴承的润滑不足。
> 为什么 3:为什么轴承会润滑不足?
> 答案 3:因为润滑泵失灵了。
> 为什么 4:为什么润滑泵会失灵?
> 答案 4:因为它的轮轴耗损了。
> 为什么 5:为什么润滑泵的轮轴会耗损?

答案5：因为杂质跑到里面去了。

经过连续五次问"为什么"，丰田公司找到了问题的真正原因和解决的方法——在润滑泵上加装滤网。如果没有这五连问，可能只是简单地换个保险丝了事，那可能会在后期造成很大的损失。

不仅在丰田公司内部，由于丰田的推动，当发生质量问题时供应商也要采用"三层×5why"的方法来解决。所谓三层，是指第一层从"制造"的角度分析，为什么会发生这样的问题？第二层从"检验"的角度分析，为什么没有发现这个缺陷？第三层从"管理体系"或者"运营流程"的角度分析，为什么没有预防事故发生的措施？每个层面还进行连续5个甚至多个"为什么"的询问，直到得出最终结论。

5why分析法的关键是推动解决问题的人避免陷入主观意见或进入分析的舒适区，从基本结构着手，沿着因果关系链条顺藤摸瓜，直接穿透整个流程。通过原因调查，可以深入系统地挖掘出问题的根本原因，从而找出有效的长期对策，而非短期应付方案。

某次咨询项目延期后，在分析项目延期这个问题的时候，发现其中一个主要原因是客户不配合。这时候，我利用5why分析法对"客户不配合"这个原因做了深度探究。

为什么1：客户为什么不配合？

答案1：客户觉得我们提供的咨询方案的方向与他们的预期

不符合。

为什么2：为什么与他们的预期不符合呢？

答案2：我们在设计方案时，更多是基于外部对标公司的分析，没关注客户公司内部的需求。

为什么3：为什么没关注客户公司内部的需求呢？

答案3：在项目过程中，我们缺少和客户高层的沟通。

为什么4：为什么缺少和客户高层的沟通？

答案4：我们只关注了做事，没有很好地建立与客户沟通需求的渠道。

为什么5：为什么没有建立与客户沟通需求的渠道呢？

答案5：本次项目由于客户场地原因，无法驻场，也就没法像其他项目一样随时与客户沟通。

通过5个连续"为什么"的提问，我们发现，客户不配合的最深层次原因，实际上是因为我们与客户沟通不足，而沟通不足背后的原因，又是因为没有驻场做咨询项目，沟通渠道拓展不顺畅。我们在服务客户的时候，只是在不断地按照最开始的合同以及自身的方法论完成任务，而忽略了客户实际需求，特别是客户公司内部的实际管理情况。

在实际使用5why分析法的时候，千万不可忽视以下两个重要原则。

第一个原则，可操作。也就是说，所有的分析结果最终都应该落到可操作的层面，特别是要落到个人操作层面，否则就是空中楼阁。

第二个原则，有信心，要坚信所有的问题都可以被解决，不存在我们完全无法掌控的局面。当然，有些系统性的题，比如国家政策，确实无法避免；有些突如其来的情况，比如客户需求变更，确实时有发生；有时复盘到这一步就会停滞不前，认为自己已经无能为力。这些都是错误的想法，要时刻坚信无论怎样糟糕的情况，都一定有解决方案。即使事情真的无法挽回，也可以尽可能减少损失。

关于5why分析法的实际应用有一个很有意思的案例，据说美国华盛顿著名的杰斐逊纪念堂，因年深日久，墙面出现裂纹。为修复这些裂纹，政府已经花费了上百万美元的费用，结果却并不尽如人意。于是，为了保护好这幢建筑，有关专家进行了专门研讨。

最初大家认为，损害建筑物表面的元凶是有侵蚀性的酸雨。专家们进一步研究后，却发现墙体遭到侵蚀的最直接原因是每天冲洗墙壁所用的清洁剂。

为什么1：为什么每天要冲洗墙壁？

答案1：因为墙壁上每天都有大量的鸟粪。

为什么2：为什么会有那么多鸟粪呢？

答案2：因为纪念堂周围住了很多燕子。

为什么3：为什么会有那么多燕子呢？

答案3：因为墙上有很多燕子爱吃的蜘蛛。

为什么4：为什么会有那么多蜘蛛呢？

答案4：因为纪念堂四周有蜘蛛喜欢吃的飞虫。

为什么5：为什么有那么多飞虫？

答案5：因为飞虫在这里繁殖得特别快。

为什么6：为什么飞虫在这里繁殖得特别快？

答案6：因为这里的尘埃最适宜飞虫繁殖。

为什么7：为什么这里最适宜飞虫繁殖？

答案7：因为开着窗阳光充足，大量飞虫留在此处，超常繁殖。

由此发现，解决问题的办法很简单，只要拉上整幢建筑的窗帘即可，而之前政府花费了数百万美元都没有解决这个问题。这就是5why分析法的强大所在。

5why分析法绝不是吹毛求疵问一些无关痛痒的问题，而是深入本质，"刮骨疗毒"，是帮助我们顺利解决问题的得力武器。不仅如此，5why分析法还有一个突出的优点——普适性。无论是生产型企业，还是服务型企业；无论问题发生在生产线、仓库还是写字楼，5Why分析法都可以有效地发挥其作用，因此，在原因分析时，是我个人最推荐的方法，因为它具有普适性。

而接下来介绍的这两种方法，则有一定的局限性。

（2）人机料法环方法

人机料法环法也被称为"4M1E管理法"，其考虑的因素是人（man）、机器（machine）、物料（material）、方法制度（method）和工作环境（environment）。下面我将针对这5个因素做逐一解读。

第一个因素是"人"。这里的人是指在整个生产与运营过程中的各级工作人员,包括高层领导、中低层领导、一线操作员工等。在整个"人机料法环"中,人的因素是最核心的因素。

第二个因素是"机"。这里的机是指生产中所使用的设备、工具等辅助生产用具。在生产过程中,设备及其配套工具是否正常运作是影响生产进度、产品质量的重要因素。

第三个因素是"料"。这里的料包括了原材料、半成品、配件以及其他需要使用到的产品用料。随着生产工艺逐步复杂,生产分工越来越细化,在生产一个产品时,一般有几种甚至上百种部件是由多个不同的部门各自负责、同时运作的。当某一部件未按照既定进度完成时,整个产品就不能完成组装,随之就会造成装配这道工序停工待料。因此,单个部门不能只顾自己部门内的生产情况,而忽略后续工序或其他相关工序的进程。大企业、大集团能够良好运营,整体顺畅配合,就是多种不同部件完美配合的结果。

第四个因素是"法"。这里的法是指生产过程中所需遵循的方法,其体现为工艺指导书、标准工序指引、生产图纸、产品作业标准、检验标准以及各种操作规程等。这些方法、制度、流程等反映出的是企业产品生产过程和最终产品质量的要求。

第五个因素是"环"。这里的环是指工作环境。某些产品对环境的要求很高(比如,无菌车间,无尘车间),组织应创造和管理符合产品要求所需的工作环境,同时也要考虑员工的工作氛围。良好的工作氛围可以有效减少员工压力,改善其工作情绪,进而促进生产。

从以上定义中我们不难发现，"人机料法环"一般是针对生产企业的管理问题，因此就不详细展开了。"人机料法环"经常和鱼骨图配合使用，图 5-2 就是分析生产问题背后原因的一个案例应用。

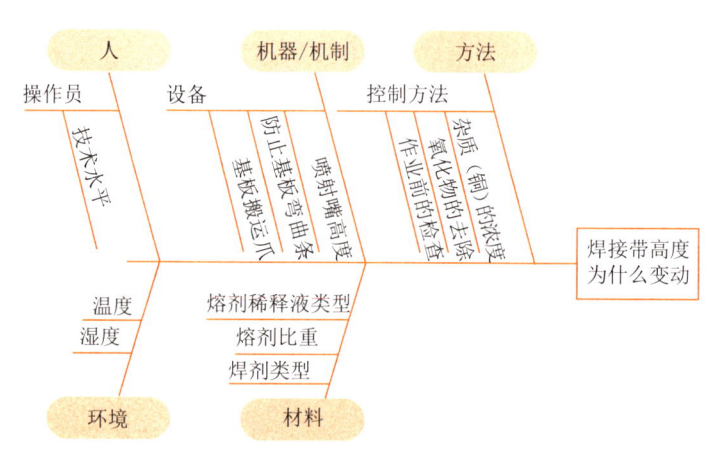

图 5-2 人机料法环与鱼骨图的结合应用

（3）人事时地物方法

"人事时地物"常用于管理问题的分析。同样，这里的 5 个字也分别代表了 5 个因素，下面我们就和大家一起分析"人事时地物"的详细内涵。

第一个因素同样是"人"。不过，这里所说的"人"并不仅仅是我们常说的自然人，像公司、组织都可以归入这个范围中。抽象来说，这里的"人"指的是在一个事件中需要分析的对象。

05 第四步：总结复盘

比如，我们和客户之间沟通不畅，导致对方迟迟不愿意和我们签正式协议。这里的"人"指的既有可能是客户公司的员工或领导，也有可能是客户所在的公司，具体应根据分析对象来判断。如果是沟通本身的问题，这里的"人"可能更多的是指客户公司里的具体某个人，比如领导；如果是沟通机制问题，那么这个"人"就变成客户公司了。

和"人机料法环"类似，这里关于"人"的分析是"人事时地物"中非常重要的一个分析维度，它会直接锁定我们要去解决的目标。就像射箭一样，我们要先看到靶心，才能确定射击的方向、采用的姿势、花多大力气、如何瞄准，直至射中靶心。

第二个因素是"事"。这里的"事"不单纯指发生了什么事，同时也包括这件事的性质，以及这件事本身所涵盖的事件群、可替代事件等内容。它主要包括三个层次：第一个层次是"事件"，即事件的内容，要把这个事件说清楚。第二个层次是"事件的性质"，即能够清晰地描述出这个事件在当前处于什么样的状态，以及重要程度到底有多高。第三个层次是"事件群"。在议题树拆解时我就提到过，复杂的事情是由许多简单的小事情组成的，而"事件群"就是一个复杂的事情，这时候我们如果将之分解成一个个简单的小事件，分析起来就容易很多。这是议题树思维在原因分析中的应用。

比如，客户满意度下降，这可能是因为客户认为我们提供的产品质量下降了，也有可能是因为客户认为我们的服务水平不高，还可能是因为客户的领导层有更偏爱的供应商，这些事件都有可能构成"满意度下降"这个结果。这时候，如果直接分析客户满意度下降的原因，很难入手，而如果从单个小事件着手进行分析，会比较容易和顺畅。这和拆解议题树是一样的，把大问题转化成小问题，对事件本身进行详细分解，使其可以更加明确和具体。

第三个因素是"时"。这里的"时"指的是时间因素，它包括时间的跨度，也就是持续了多久。

比如，我们在分析某个产品用户流失率高的原因，就要去分析哪个时间段用户的流失率高。当然，我们也可以更详细地分析从什么时间开始流失率变高的，什么时候又恢复正常的。

第四个因素是"地"。这里的"地"和"人机料法环"中的"环"类似，都是指环境因素。但这里的"地"主要是指工作场地和工作氛围。比如，一家公司的办公环境，整体的文化、价值观，领导的风格，上下级以及平级之间的相处模式，这些内容都可以归入"地"的因素中。

第五个因素是"物"。这个因素和"人机料法环"中的"机"比较类似，但其范围更广，所有资源都可以归入"物"的因素。除了设备、人力资源、物料资源，还包括工作的流程、机制、公司提供的各类资源支持，以及这些资源的整合利用情况。

以上就是"人事时地物"的全部因素了。这个方法一般适用于传统企业的管理和运营。如果你面临的问题属于这一类,你可以进一步研究。

2. 原因分析时的注意事项

尽管在原因分析时有多种工具可以利用,但在实践中我也发现了不少问题。

(1)诉诸外力

习惯性地将原因归咎于客观原因而非主观,这是人的天性。当问题发生时,大部分人都会选择把问题归结于诸如:机器坏了、客户不配合、销售政策不够吸引人等这些外部因素。

同样,难以发现自身的错误也是人的天性。所有人都可以轻而易举地发现别人的缺点,却很难看到自己的缺点。当发生一些问题、导致一些后果的时候,大部分人总是能够快速、准确地找到别人的错误,比如,不了解做事方法、做事不认真、拖延等,可一旦去问他们自己"在这个过程中是否有问题",很多人会陷入沉默。有些人经过认真思考之后能够说出自己的一些问题,但大部分情况都是说一些不痛不痒的小问题或大家都有的问题。真的很少有人能够一下子揭开自己的伤疤呈现给别人看,更不用说清晰地分析出自己错误的种类。

这其中当然有不愿意在别人面前暴露自己的问题和缺陷的原因,但同时也存在人对自我认知的盲区。这个盲区,就是当出现一个问题的时候,我们往往不能发现自己思路、想法或是行为上存在的一些问题,而这些问题在别人看来可能是非常明显的。

(2)将问题和解决方案混淆

在评估结果阶段,我提到过类似的"问题与原因混淆"。正常人都有一个思维惯性，当出现一个问题的时候，很容易将问题的解决方案与问题的原因混淆。这看似是在积极地思考对策，实际上却限制了我们解决问题的思路。如果一开始就随便想出一个解决方案，思路就会被干扰，也很难再去深入思考了。

（3）分析的原因过于宏观

我们分析问题的目的是解决问题，如果对问题的分析过于笼统，后续会感觉无从下手。

> 我之前看到过一个例子。有位培训经理给自己公司的员工做人才培养方案，效果并不理想。在分析原因的时候，他说："部门协调较为复杂，所以工作进度较慢。"他觉得，在组织员工参加培训的时候，很难协调各个部门人员的时间。大家工作都很忙，有的人今天有时间，有的人明天有时间，有的人则今明两天各只有半天时间。这就导致在最开始开展培训时总有人缺席。
>
> 而这位培训经理认为，根本原因在于各部门协调起来非常困难。看上去"协调"似乎真的是原因，是解决这个问题的方法，可如果我们仔细思考和梳理就可以发现，"部门协调"这项工作太大了，牵扯到不同的部门甚至牵扯到公司的管理体系与流程。用这么大一个问题解决"协调培训"这样一个并不是很大的问题，显然有些不合适。
>
> 如果在分析原因时把这一点的范围缩小缩窄，聚焦在"很难统一员工的学习时间"，解决起来就容易很多，比如，通过直播、周末培训或者网络录播。还可以将持续一整天的大课分解成若干

个一小时左右的小课，然后分批开班、分批培训，大家自选合适的时间，只要确保所有的课程都上完就可以了。

因此，在分析问题的时候，我们应尽量把原因聚焦化，也尽可能把原因指向一些可以实际操作的层面上来，这样方便我们后续执行优化改善。

当然，这并不意味着那些背后的宏大原因我们就不去解决了。一方面，我们可以把这个大的原因拆一拆，逐一去分析解决，就和我们搭建议题树的思路类似。另一方面，如果像制度、流程等"大原因"确实是共性的问题，我们就可以将这个问题上升到更高层级，通过高举高打的方式逐步实现解决。

基于以上注意事项，为了减轻参与者对自我剖析的恐慌，更容易发现自我盲区，更深入地总结问题，我总结了以下三个技巧，可以在总结复盘过程中应用。

首先，在复盘会前、中、后的每时每刻，不断向所有参会者（包括自己）洗脑——复盘是一个痛苦的过程。在这个过程中，我们需要剖析自己，自揭伤疤，不经历这个过程就无法成长。这是一个非常必要的洗脑课，当参加复盘的人都有了这样的心理建设后，问题也就没那么复杂了。

其次，在复盘会中，为参与者打造一个轻松的氛围，让整个复盘过程尽可能亲切宜人。复盘的目的是"知耻而后勇"，是自我剖析后的重生，而不是相互争吵、相互推诿甚至上纲上线。这就要求我们从一开始就注意复盘环境的选择，尽量选择一个比较封闭的教室，让大家"关起门来说话"。同时,作为复盘会的组织者,你也要通过轻松的语言、适当的游戏来烘托这种氛围。特别注意的是,一定要反复强调复盘的结果与实际的绩效考核结果无关,如果积极参与复盘甚至还可以给予一些奖励。

最后,项目负责人要起到积极的带头作用。当有一个人能够勇敢地率先站出来,开诚布公地剖析自己存在的问题和背后的原因时,其他人自然而然就会跟随这个人的步伐,开始进行自我反省与检讨。千万不能让领导开坏头,把复盘会变成批斗会,或者变成领导的"一言堂"。

优化改善

分析完原因之后,就可以进入优化与改善环节。

优化改善一般有两种情况:

一种是针对工作结果的优化改善。

一般情况下,只要你把原因分析清楚了,解决方案基本就呼之欲出了。在这一步中,针对那些能够迅速解决的原因,你可以直接制订工作计划,安排人手解决。

> 比如刚才提到的"客户不配合"的案例。通过 5why 分析法我们发现,客户不配合的最深层次的原因,是因为没有驻场做咨询项目(缺乏场地),导致沟通渠道拓展不顺畅。
>
> 因此,我们要做的其实就是建立完善的客户沟通机制。除了在项目刚开始的时候、关键汇报节点以及项目结束前这几个里程碑节点,还要在项目逐步深入时积极地找客户相关决策人进行深

05　第四步：总结复盘

度沟通和讨论，听取对方的意见。不仅是通过电话和邮件，也要经常去到客户公司所在地。即使不能驻场，也要退而求其次，尽可能多地面对面与客户开会，确保我们能够对客户需求和痛点做到准确的把握和及时的收集，进而产生可以真正切中客户痛点的咨询方案。

如果是工作方向或方法有不足，则可能需要修改议题树以及工作计划，在现有的条件下沿着修正的道路继续前进。

我之前做过一个竞品分析的项目，即要分析竞品产品的特点。在一次项目进度汇报中，我们提到竞品的销售模式比较领先，这也是助推竞争对手产品销售状况优于我们产品的重要原因，因此后续我们又把销售模式纳入了分析项目。

针对那些系统性原因，比如需要改进工作流程、公司制度，则可以留到事后复盘中再详细讨论。解决这类问题可能需要开启一个新的工作项目。

另一种是针对工作流程的改进。

这类问题相对比较简单，在评估环节就基本知道问题出在哪里了。如果是事中复盘，可以对问题陈述、议题树及工作计划进行修改，然后再按照更新后的方案推进工作；如果是事后复盘，则是为下一次项目的"四步法"流程吸取经验教训，打下基础。

掌控工作

利用复盘的方法准备一次完美的汇报

汇报是一种典型的复盘手段。但需要澄清的是，这里的汇报可不是指单纯地在某个会议上做一个 PPT 展示，而是包括从制作材料开始，到展示汇报，再到后续的讨论以及实施改进的全过程，它是一次完整的复盘。

很多人在写工作汇报 PPT 时常常找不到头绪，不知道该包含什么内容，更不知道该怎么写。这时候，你就要用复盘的思维了。在制作这份汇报 PPT 时要明确的是，汇报的目的是什么。

可以借鉴下之前提到的复盘的目的。首先可以肯定，汇报最直接的目的就是告知领导工作进度和成果，同时展现你的业绩。这是最核心的目的。那么如何展示工作成果呢？其实思路也很简单，首先要回顾目标，然后展示工作成果超过目标多少个百分比就行了。这就是复盘工作的前两个步骤。那么，你在组织汇报 PPT 的时候，先用一页回顾一下最初设定的任务目标，然后再用一页展示在这项工作中取得的关键成果，将二者进行对比，突出成果超过了目标，那么整篇汇报 PPT 的基调就定下来了。

那么，汇报 PPT 后面几页该包含什么内容呢？同样是沿用复盘的四个步骤。之前只对问题陈述进行回顾和评估，接下来就可以针对一些重点工作进行回顾和评估了。

比如，在工作计划中，针对一些重点工作项已经列明了工作目标，你要做的是把工作成果与这个目标相比较。只不过这里不需要像前面那样一页 PPT 回顾、一页 PPT 评估了。针对每一个重点工作项，你都可以用一页 PPT 进行展开，展示清楚"用了什么思路""采用什方法""最后实现怎样的结果"。

这样，PPT 的后面几页就有了，即汇报进度、展现业绩的内容基本结束了。

接下来还要呈现什么呢？这就需要具体问题具体分析了。不过一般有如下几种内容可以呈现：

第一种是针对那些没有完成得很好的工作，解释原因。这里继续沿用复盘思维，只是需要发现问题，探索根本原因了。这里还可以顺势提出一些补救措施，弥补之前工作的过失。

第二种是发现新的机会点，有意继续向下探索，希望得到领导支持。特别是如果需要一些人力或者其他资源投入，需要提出来。

第三种是提出了一些流程、工作方法等，希望可以推广到公司层面应用的，这就需要领导帮忙协调资源，确保推广可以顺利进行。

很明显，第二种和第三种内容也可以算作某种意义上的"表功"，同时也可以在公司内承担更多职责，为自己未来晋升打下基础。

其实这种汇报 PPT 从思路上来说是非常简单和明确的，许多人之所以不会写汇报 PPT，就是因为不了解复盘的思路，不知道复盘的目的，也就不知道该向领导汇报什么。

这里你真正需要担心的反而是一些细节，比如 PPT 中的一些措辞，如何确保能呈现自己的业绩，如何避免被其他项目成员误解为你在抢功，如何斟酌表达方式，委婉地表达出你自己工作的不足，等等，这些才是汇报 PPT 中需要仔细、反复思考和修改的。当然，这就不是复盘的范畴了，我们也就不再展开了。

总结来说，你在组织汇报材料的时候，实际上要做的就是回顾问题陈述，然后对比工作计划进行总结，也就是复盘的第一步——回顾与评估。而做好汇报材料进行汇报时，实际上同时也是你的领导或客户对你的工作进行评估，并和你一起进行原因分析，并提出改进方案，也就是复盘的第三步。你则需要在会后进行优化改善工作，也就是复盘的第四步。

巧用复盘，总结出你自己的分析框架

通过之前章节的阅读，我相信你已经基本掌握了复盘的精髓。但我觉得这还不够，我更希望你未来也能够提炼出属于自己的分析框架。

那接下来就让我们一起来探索一下进阶版复盘方法，究竟如何才能总结出自己的分析框架。

我认为，总结自己的分析框架有三重境界。

第一重境界：从已有框架出发，总结通用工具

这种思路执行起来较为简单，就是从已有的分析框架或者工具出发，把这些工具的应用范围扩大。因为既有工具往往专注于解决一类具体问题，所以你可以重新归纳总结出一套新的框架，使其应用范围扩大。

我在本书中总结的"四步法"，就是基于麦肯锡七步分析法和埃森哲的分析框架重新总结的。

首先来看一下咨询界最经典的麦肯锡七步分析法。在接到任何咨询项目时，你都可以沿着这七步把问题解决好。

第一步，定义问题。这一步需要把问题搞清楚，确保没有异议，免得开始执行工作后又因为对任务目标有分歧而需要返工，浪费时间。

第二步，分解问题。这一步的目的是把大问题拆解成小问题，便于逐一解决。

第三步，对问题的优先级进行排序。这一步是要明确哪些问题是迫切要解决的，哪些问题可以往后排一排，甚至不用解决，这样可以把精力花在重要问题上。

第四步，制订详细的工作计划。这一步的目的在于明确时间安排和人员分工，以便推进工作。

第五步，分析与解决重要问题。这一步是具体的执行环节，承接第三步，优先解决那些最重要的问题。

第六步，汇总研究成果。在完成分析与解决问题之后，需要把整个项目组的成果汇总，再做进一步的整理，为后续工作做准备。

第七步，准备汇报。这一步是咨询公司专属，因为每一个咨询项目都需要向客户高层汇报。

当然，以上这七步是为咨询公司量身打造的，日常的生活与工作可能并不完全适用，比如，汇总研究成果、准备汇报这两步，在日常生活和工作中并不是必需的。

如果你也想总结提炼出你自己的框架，首先你要明确，你想要通过这个分析框架解决什么样的问题。

05 第四步：总结复盘

我重新提炼总结出了"四步法"，是因为我发现，咨询公司的那套方法应用范围比较狭窄，适合解决咨询项目或者企业管理上的问题。但实际上对这套方法进行改造之后，可以应用于工作、生活中的所有问题。我的目标就是优化这套方法，使之成为一套通用的分析框架。

其次，你还需要进行议题树拆解，基于现有框架中的那些要素把议题树补充完整。在总结框架的过程中，会根据实际情况做出删减和调整，这里你需要注意，可能会出现不符合MECE原则和同一层面原则的地方，你都需要做出正确的调整。

麦肯锡七步分析法中并没有复盘这一步，这是因为每一个咨询项目都需要向客户汇报，而每一次撰写材料和汇报的过程实际上都是一次复盘。因此这套方法的后两步"汇总研究成果"和"准备汇报"都是和汇报息息相关的。

因此，我基于七步分析法重新搭建了议题树，将原本七步分析法的最后两步与汇报相关的内容合并，同时加上了总结复盘这一步骤（如图5-3所示）。

仔细观察这个议题树的主干，可以很容易发现问题：一是第三步，优先排序，实际上可以放进拆解问题或者制订工作计划中，二是汇报，很多时候汇报是复盘的一个分支。因此我将这几个议题重新归纳合并，就有了图5-4所示的议题树雏形。

```
                    ┌─ 界定问题
                    ├─ 拆解问题
                    ├─ 对议题进行优先排序
   通用的工作方法 ─┼─ 制订工作计划
                    ├─ 执行解决
                    ├─ 汇报
                    └─ 复盘
```

图 5-3　通用工作法总结案例 1

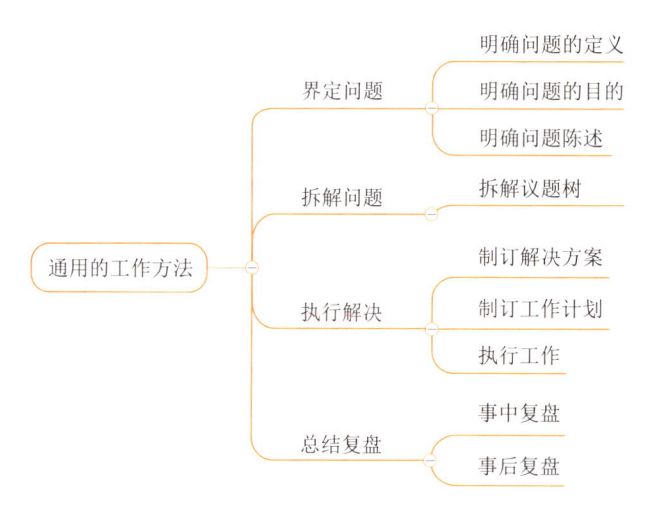

```
                                   ┌─ 明确问题的定义
                    ┌─ 界定问题 ─┼─ 明确问题的目的
                    │              └─ 明确问题陈述
                    │
                    ├─ 拆解问题 ─── 拆解议题树
                    │
   通用的工作方法 ─┤              ┌─ 制订解决方案
                    ├─ 执行解决 ─┼─ 制订工作计划
                    │              └─ 执行工作
                    │
                    └─ 总结复盘 ─┬─ 事中复盘
                                   └─ 事后复盘
```

图 5-4　通用工作法总结案例 2

05 第四步：总结复盘

后续我只要继续完善议题树的细节内容就可以了。看到这里你就会发现，这个议题树基本是本书的粗略版大纲了。

再次，代入实践，补充细节。完成了以上步骤，你已经得到了一个大致的分析框架了。这时候就需要把这个框架代入实践中反复试验和修改，确保其应用范围符合你最初的构想。

继续用"四步法"举例。2017 年，我在给某投资基金培训解决问题的通用方法时，四步法第一次正式亮相。那时候的四步法还没有现在这么完善，特别是其中的一些方法和原则。通过两年多的不断完善、不断实践，最终形成了现在的"四步法"。

这里特别要说的是，千万不要以为分析框架有几个主干就行了，一个科学完整的分析框架需要无数细节去支撑。这里的细节就包括了分析框架本身细分的内容（子议题），以及相关的方法、原则和技巧等。

迈克尔·波特提出的波特五力模型分析法，看似只有供应商的议价能力、购买者的议价能力、同业竞争者的竞争程度等 5 个要素，但实际上这 5 个要素所蕴含的细节构成了一本 20 多万字的书——《竞争战略》，而这本书也是企业战略理论殿堂中的经典之作。

最后，就是要给你的分析框架取个名字。
取名一般有可以从分析框架本身包含的元素数量入手，比如四步法、七步分析法；还可以抽取模型内各个元素的首字母，比如SWOT分析、SMART原则等；还有一种就直接以人名或者组织命名，比如戴明环、波士顿矩阵等；当然也有综合了两个以上取名方法的，比如波特五力分析、麦肯锡7S模型、3C战略三角模型等。

可不要小看这一步，取名字有几大好处。

一是朗朗上口，便于记忆。比如SMART原则这样的分析框架，如果直接称为具体、可衡量、可执行、相关、时间限制原则，名字就会非常冗长，每次都要把5个要点回忆一遍。

二是看上去高大上，别人易于接受。比如，你搬出SWOT分析和别人谈战略，别人会觉得你有丰富的知识储备，非常专业；相反，如果你搬出优势、劣势、机遇、威胁这么一长串名词，既不够简洁，也不够专业，会让对方一下子摸不着头脑，你的专业性也无从谈起。

三是取一个带有个人属性的名字，等于盖上了你的私人专属印章，比如波特五力模型、波士顿矩阵等，直接冠上了人名或者公司名，自带专利属性。

第二重境界：从已有框架出发，探索单一领域解决方案

第二重境界的思路与第一重境界正好相反，但难度要稍大一些。第一重境界是基于既有框架，总结出一套通用方法，而第二重境界则是把通用的分析框架具体化，形成特定领域的解决方案。

但总体方法还是大致相同的，都需要经历明确目标、通过议题树总结提炼、实践补充细节以及取名这4个环节。差异主要体现在议题树的总结提炼上。这里的提炼，更多地要基于这一领域的特点

05 第四步：总结复盘

进行细化和提炼，也就是要把通用的方法转化成特定领域的方法。

我在咨询公司工作时经常做类似的事情，即把一个通用的方法框架应用到某个特定行业的客户上，帮助客户总结出这个行业的解决方案。

比如埃森哲曾经为华为设计过一套销售体系，从而总结出了一套从销售线索到最终回款的流程，它被称为L2C（lead to cash，从客户到现金服务），这也是B2B（企业对企业）公司通用的方法。后来我们为一家物流公司设计销售体系时，也借鉴了这套方法，但做了大量的改造。

改造之后的差异在哪儿呢？一是这家物流公司以直营为主，不像传统的B2B公司有大量的代理商或者渠道商。二是传统的L2C流程更多地应用于订单金额较大的情况。比如华为，一个通信项目就是几千万甚至上亿元。而物流公司有非常多的中小客户。你想想淘宝有多少卖家就知道，每天可能有几十万卖家需要物流服务，而每个卖家的每年的订单金额并没有很大，一年能有上百万元的物流费用就已经算一个中型客户了。

因此，我们对L2C流程重新进行改造。首先删去了其中对代理商和渠道商管理的部分，因为这对于客户毫无用处。其次，因为物流企业的中小客户众多，销售很难一家一家去跑，因此在最开始的销售商机的挖掘上，和那些大型B2B业务不太一样。物流行业就需要对客户进行进一步细分，大型客户重点攻坚，中小客户则交给统一化的运营团队负责。

第三重境界：直接总结提炼出分析框架

第三重境界是最难的一种，就是从总结复盘中直接总结出分析框架或方法。前两种有现成的模型可以借鉴，第三重境界则完全需要你从 0 到 1 进行推演。

这个思路的步骤和前两种大同小异，但有几个小诀窍。

第一个诀窍，这个方法只适用于那些之前没有现成框架的领域。在提出你自己的分析框架前，你可以先做一下调查，免得做重复工作。这在咨询公司里被称为"重复发明轮子"，也就是说，明明有了轮子，你可以直接使用，不需要自己再发明。

千万不要苦心孤诣总结出一套分析框架，最后发现早有前辈提出了一个更完善的框架。因此，在准备总结自己的分析框架前要先多阅读相关领域的书籍，确认没有先例后再动手。

第二个诀窍是不要妄想通过一个项目、一次工作就能提出一套分析框架。你在单个项目中总结出来的经验框架，很可能是无法适用所有情况的。提出新框架往往需要多次工作，多搭建几个议题树，找出共通点。这时你可以找这个领域的专家聊一聊，听听他们的经验。

第三个诀窍是在总结出方法后，不要着急将之直接投入新工作中。当你刚巧遇到这个分析框架适用的问题时，最好先不着急直接套用，而是老老实实地搭建议题树，再将这个议题树与你总结出的分析框架进行比对，交叉验证。多次项目比对和修正无误后，再正式将之投入使用。当然，这里的分析框架不只是框架本身，还包括与这个分析框架配套的各类细节。

核心知识点

以上就是"四步法"最后一步——总结复盘。

复盘分为事中复盘与事后复盘。事中复盘就是在执行工作的过程中进行的复盘，主要是为了优化工作方法，改进工作方向，以及让工作的利益相关方了解工作的进展。事后复盘则主要为了展示工作成绩、总结经验教训、沉淀工作方法流程、发现新的机会点以及及时改进工作中的不足。

无论是哪一种复盘方式，都可以按照回顾目标、评估结果、原因分析和优化改善这 4 步进行执行。

回顾目标和评估结果，都可以紧扣问题陈述、议题树和工作计划。但需要注意，评估结果的同时还要提炼出"真正的问题"。

在原因分析时，则可以用鱼骨图，结合 5why 分析法、人机料法环、人事时地物，帮助你发现问题，最终得出解决方案。

除此以外，你也可以通过事后复盘来总结出你自己的分析框架。你可以通过三重境界循序渐进，它们依次是：第一重境界，从已有框架出发，将框架总结为通用工具；第二重境界，从已有框架出发，总结出特定的解决方案；第三重境界最难，即直接总结提炼出分析框架。希望你以后也能总结出属于你自己的分析框架。